ORIGINAL POINT PSYCHOLOGY | 沅心理

非常青春期

罗秋兰——著

生活·讀書·新知 三联书店　生活書店 出版有限公司

图书在版编目（CIP）数据

非常青春期 / 罗秋兰著 .—北京 ：生活书店出版有限公司，2023.11
ISBN 978-7-80768-434-3

Ⅰ．①非… Ⅱ．①罗… Ⅲ．①青春期－心理健康－健康教育 Ⅳ．① G444

中国国家版本馆 CIP 数据核字 (2023) 第 178477 号

选题策划　颉腾文化
责任编辑　苏　毅
特约编辑　田　旭
装帧设计　王建敏
责任印制　孙　明
出版发行　生活書店出版有限公司
（北京市东城区美术馆东街22号）
邮　　编　100010
经　　销　新华书店
印　　刷　文畅阁印刷有限公司
版　　次　2023年11月北京第1版
2023年11月北京第1次印刷
开　　本　880毫米×1230毫米　1/32　印张7.75
字　　数　161千字
印　　数　0,001–3,600册
定　　价　69.00元
（印装查询：010-64004884；邮购查询：010-64052612）

推荐语

段敏（山东省家庭教育名师）：

“爱本身和正确地爱是两回事”，当我读到《非常青春期》中秋兰老师关于爱的解读，这句话深深打动了我。父母不是对孩子缺少爱，而是缺少正确爱的方式。通过《非常青春期》，秋兰老师用她作为一个资深心理工作者的专业知识和作为一个母亲陪伴女儿成长的经验，从理念到技巧，从剖析家长关注的家庭教育痛点到开启家长自我成长的内核，给出一套青春期家长高效陪伴孩子全面又立体的方法。

门世海（哲学学者，心理咨询专家）：

佛家认为，我们的烦恼源于“我执”，我想这本《非常青春期》就是一本清扫、减少“我执”的学习及应用手册。随着“我执”的减少，你一定会拥有更大的自我、更深的连接、更多的幸福，《非常青春期》适合生命的每一个阶段，对想要永葆青春的人来说，尤其如此！

方丛（资深教育培训导师，生命教育终身倡导者）：

《非常青春期》无疑是一本天下父母必读的“青春期成长智慧宝典”！秋兰老师不仅是亲子养育实战型专家，更如实如是地践行出生命教育的“活法”！

吴文君（亲子婚姻类畅销书作家，生命成长导师）：

《非常青春期》是为家有青春期儿女的父母们提供的一份青春期

孩子成长陪伴指南。因为秋兰老师曾经陪着自己的女儿长大，曾陪着青春期的来访者长大，因此她真正懂得爱、了解、观察与陪伴。

周育薪（CEO 教练，二孩父亲）：

秋兰老师是我曾研读的 NLP 导师班的大师姐，也是我 NLP 学习路上的榜样。她最让我佩服的地方就是将心理学应用到亲子关系、生活、工作当中的能力。

每当我看到她的朋友圈晒出女儿玩动漫 Cosplay 照片的时候，我往往第一反应就是心里一紧，内心独白是：如果这是我的孩子，我该怎么办呢？可之后看到秋兰老师和孩子沟通对话的过程，我心中又一松，心想：这么“难”的情况都能搞定，还有啥担心的？

之前我只能通过在朋友圈和聊天中学习秋兰老师如何养育孩子，如今在众人的千呼万唤中，《非常青春期》终于和大家见面了。现在，我们可以通过这本书，系统地学习如何与青春期的孩子沟通，与孩子共同成长。

黄巧颖（清华大学 COACH 项目教练，二孩妈妈）：

父母无法一味追求“不出错”，或是成为“完美父母”。在这个充满变化的时代，父母也急需提升认知，经由更多元化、更深刻的视角洞悉孩子的成长密码，在陪伴孩子成长的同时完成自我生长。

礼冰（资深媒体人，大学生心理专家）：

每个人都有自己的“非常青春期”，是青春就一定能够绽放出美丽的花朵。别着急，慢慢走。相信你的孩子也可以和秋兰老师的孩子一样，用自然而然的耐心，用心甘情愿的陪伴，用共同分担的勇气，陪伴父母走过万水千山！

推荐序1

家庭教育是父母与子女一场共历的修行

社会发展到今天，越来越多的父母们在教育子女方面开始感到自己需要帮助。在很多家庭中，父母焦虑不安，孩子疲惫不堪。可是，问题究竟出在哪里？指出问题的人很多，提供答案，或者说提供科学有效的答案的人，少之又少。

我在大学从事心理健康教育与咨询工作近20年，亲身经历了大学心理咨询中心从门可罗雀到大排长龙。这个变化的背后，固然有人们对心理咨询更接受的因素，同时，我们也不可忽视精神疾病、心理危机呈现出增长的趋势。疫情期间，因家庭因素来寻求心理咨询的比例增长迅速。

种种迹象表明，大学生的种种心理困扰，都有家庭的因素。

在咨询的过程中，我听过与家庭有关的故事不计其数，有一些让人心酸，有一些让人愤怒，有一些让人无奈。

一名大学生读初中时，父母对她说过一句话：等你考到第一名的时候，我再来看你。有一名大学生读初中时，只因为说了一句“我不想上学了”，就迎来了父母左右开弓的耳光。我听到最多的故事，是关于父母对孩子的高期待、高要求、高控制。

孩子读到初中，似乎是一个与父母矛盾升级的阶段。这个阶段的孩子正处于青春期，生理快速发育，独立自主的意识明显加强，情绪波动较大。

根据我的咨询经验，成年期的大部分心理困扰的形成就源自于青春期。尤其是当“青春期”遇到“更年期”，往往给双方都带来心灵上的痛苦。很多父母的成长都是从子女的青春期开始的。

为什么孩子的青春期如此艰难呢？

在我看来，父母过度“有为”，高度卷入到子女的学业教育中，逐渐让家庭变质、变味，从而导致家庭中的每个成员都深受其害。

如何破解这一困局呢？

我很赞同罗秋兰老师在《非常青春期》一书中给出的三个关键词：关系、沟通、未来。这三个关键词如同三个支柱，稳稳地支撑住青春期子女教育的核心。正如书中所说，青春期的家庭教育，应“以关系为基础，盯着未来的目标，用良好的沟通达成亲子教育效果”。

我与罗秋兰老师相识多年，对她比较了解。她的第一本书《身体的智慧》我也仔细拜读过。罗秋兰老师从汶川地震那年，踏入心理助人领域，勤奋学习，勇于实践，善于总结，成果颇丰。

罗秋兰老师这本《非常青春期》的内容从家庭教育的理念、子女学习、情绪管理、亲子沟通和爱五个方面，深入浅出地介绍了破解青春期家庭教育难题的真招、实招，理论结合实践、道与术兼备，可以为广大父母们提供有效的借鉴。

家庭教育归根结底，是一场父母与子女的共历修行，修行的核心议题就一个字：爱。

是为序。

宋振韶（发展与教育心理学博士）

2023 年父亲节

青春是一部巨著，又是一部大片

细品《非常青春期》，从主题“非常”二字到秋兰序言的文如其人，让我渐渐品出这本书的原味：本色出演，立己达人。秋兰老师在女儿的青春期里以女儿的本色为主旋律，按捺下老母亲的焦虑困顿，用自我的日益精进，不仅让女儿自由生长，更是让自己活成了一本青春的活字典！

在多年从事青少年心理辅导的过程中，无论是咨询室、青春舞台，还是中高考的大战，这些孩子总会带给我很多震撼与沉思。在父母眼中叛逆的孩子，往往因为你愿意静静地凝视他愤怒的目光，就愿意低下那傲娇下藏着委屈的头；在老师眼中冷漠的孩子，往往因为你听懂了他喜欢的一首歌，就能打开心灵的那扇门，对着你滔滔不绝；在考场上常常崩溃的孩子，只要你能守候在他最脆弱的谷底，他就能一步一步重新站起，走向他人生的一个又一个考场。

青春常常与成长连接在一起。成长是一部巨著，又是一部大片。秋兰老师把青春与“非常”连接在一起，似乎在为这部巨著、这部大片做注释。如果要我给“非常”再加三个词，我会加上：非常分离、非常分化、非常分界！！！

非常分离：青春期最主要的发展任务是完成自我同一性。孩子在这个特殊的时期追求自我独立但又需要依赖父母的养育，独立与依赖的冲突，让孩子很难做到跟父母精神的分离。于是出现叛逆与服从的困境。其实真正的分离来自于父母是否能处理好自己的分离焦虑，做到安全信任地放手。

非常分化：童年那个听话乖巧的孩子突然变得我行我素或者不可理喻，焦虑的父母四处求方，但往往治标不治本；我们学到的可能是怎样与孩子沟通，怎样让孩子听我们的话，怎样让孩子产生学习动力，但我们却忽略了一个最本质的问题：你的孩子是一个怎样的孩子？是要成为一个我想要的孩子，还是成为一个社会需要的孩子？青春期的孩子如果能够回答好一个问题：我是谁？他就完成了自我同一性发展，就真正完成了人格分化、情绪分化，从根源上产生行为动力。

非常分界：我有一本关于手机管理的书，家长看到立马要拿走回家研读，孩子看到立马要我扔掉并表示非常愤怒。反应对比如此鲜明，让我不禁想起一个词：非常分界——家长的认知世界与青春萌动的需求之界。如果我们站在我们的认知界里去学习怎样教育孩子，怎样引领孩子，就永远没有办法让孩子放下手机，欲望之界只会越燃越旺。

在秋兰老师的书里，一个焦虑强势的老母亲硬是按捺下内在的焦虑，默许本色的孩子自编自导自己的青春巨著，又静静地守候着孩子本色的青春大片。一个用心良苦的母亲，又是一个忠实于孩子人生的观众，当秋兰老师在自己的讲台上侃侃而谈、妙语连珠时，我们仿佛看到了时空的穿越：那个本色的青春女孩与那双一直凝视的智慧之眼，积淀成秋兰老师厚厚的讲义，深刻的见地和诙谐自如的人生境界。

非常青春需要非常懂得，

非常青春需要非常容纳，

非常青春需要非常智慧，

《非常青春期》正是一本懂得、容纳、智慧的青春字典，是一本智慧父母陪伴青春期孩子的教育良方，同时也是专业工作者的实践指南。

张再红（哲学博士，青少年心理专家）

2023 年父亲节

自序

“非常青春期”，这个名字是我女儿起的。

她说，“青春期”对于家长和孩子都是极为不寻常的时期。我深以为是，因为我和她就走过了一段动荡时光。

其实，问题早见端倪。女儿出生不久，我因为在封闭管理的私立学校教书，很少能见到她；孩子三岁多，我就跟她爸爸离婚了；由于经济窘迫，我工作很辛苦，把女儿放在我父母家两年，请老人照顾她；把女儿接到成都团聚之后，我经常出差，女儿更多也是跟她外公外婆在一起；女儿小的时候，我承袭了父母对我的教育，对她很严厉……直到开始学习心理学，我才慢慢明白对女儿的教育犯了很多错。

尽管女儿现在会笑着说“我不大记得了”，我的内心深处仍会流泪。我的孩子，我那样伤害过她，她仍然会爱着我，原谅我的过失。看了那么多书，经历了那么多事，听了那么多道理，但最终还是我的孩子教会了我——爱是什么！

爱是什么呢？

在我好多次或假装或真的听不明白女儿在说什么的时候，她会平静地给我讲上好几遍，从未发过脾气——爱，是耐心。

在我很多次被女儿感动，问她“你为什么这样做”的时候，我以为她会说“因为我爱妈妈”，但每次她都淡淡地说“因为您是我妈妈呀”——爱，是自然而然。女儿无意中听到我跟朋友说为了孩子放弃了考研，就给我留了张小纸条，上面写着“妈妈，对不起，我拖累您了，现在您去吧”，后面还画了个笑脸表示她不介意。“对不起”这三个字格外刺眼，让我无比惭愧——爱，是心甘情愿，不是你亏我欠。我父亲去世之后，母亲回了老家，只留我和女儿两个人在成都生活。每次购物后回家，女儿都主动拎东西走在前面，我突然感慨，女儿竟然这么能干了——爱，是彼此陪伴，共同分担。

…………

相信很多父母也体验过无数个这样的瞬间，被孩子的纯真和恳切感动，那是孩子在向父母展示爱本来的样子。父母往往认为孩子是幼稚傻气、懵懂无知的，所以需要成年人的教导和约束。但事实上，每个孩子都是生命的礼物，他并非如一张白纸般来到世上，而是带来很多有关生命与爱的智慧，供父母学习的。

然而，很多父母忽略了这一点，于是教育就变得极其复杂和令人疲惫。父母生怕做错了、做少了、做迟了，进而终日焦虑不安。带着这份不安，父母无法在养育孩子的过程中获得滋养，或享受那些珍贵的时光。

事实上，假如父母平等地对待孩子，俯下身来真诚地与这个生命对视，孩子很多时候反而能够启发父母深刻反思，无形中纠正父母偏离身份、自以为是的错误。

因为工作的原因，我会常常询问女儿作为孩子的看法。有一次，我问她："有些父母为了孩子不愿意离婚，你怎么看？"她反问我："为了孩子不离婚是什么意思？"我说："很多父母会想，我们不离婚，孩子还有个完整的家。"女儿当即反问："完整的家就是每天回来数人头吗？"我顿时无语，也很感慨：成年人拼命维持的虚假面具，在孩子的率真面前简直不堪一击。

很多朋友都问我："罗老师，您这么懂心理学，您的孩子一定很听话，成长很顺利吧？"

事实并非如此。我的女儿从小学开始就不喜社交、不苟言笑；初中过半之后就逐渐放弃自我，整学期不写作业，自称"学酥"（一碰就掉渣那种），全年级排名靠后；她迷上了Cosplay（动漫角色扮演），玩电脑游戏上瘾；整个初中，她都对学校不满，经常吐槽，还时不时飙脏话……这样的孩子还有个好吗？

但是反过来看，她喜欢看书，爱思考；她不爱学习，却直觉敏锐，富有观察力；她一个人在家时，自己点外卖吃，自己上学，从不去外面到处玩让我担心，更不会惹是生非；她画画有天赋，可以专注地坐上很久；她外表高冷、内心柔软，小猫、小狗都爱跟着她走；她有独立思想、有同情心、有正义感、有公德心，不随波逐流、不自私自利、不张扬刻薄……这样的孩子，难道不好吗？

我遇到的很多家长，满心满眼都只看到孩子的所谓"问题"，而忽略孩子的优点，这样会导致严重的焦虑和失望。假如孩子没有一点好，家长也不相信孩子自己有努力变好的愿望，那父母的努力还有什么意义呢？其实，一切的改变应从内在的信念开始！身为父母，我们要坚信孩子一定会越来越好，并且多发现孩子的长处，为他的成长增加动力！

我也曾为孩子初中阶段的学习状况担忧。我知道，学校一刀切的管理方式、各学科老师争抢学生精力的教学方式、不知道为啥学习的迷茫、枯燥乏味的住校生活、遥远模糊的未来……都给青春期的孩子带来很多压力。那时我似乎没有更好的办法来帮助她，可是我相信，低迷的生命状态和毫无起色的成绩并非孩子的本意，更不能代表她的品性，所以我从未因女儿不写作业、成绩不好、情绪不高而批评她，更不会因此扣减零花钱、不准她吃美食看电影。

事实证明，父母管理好自己的焦虑、始终信任孩子、保持足够耐心，对青春期孩子的成长非常重要。

上了高中的女儿让我大喜过望，学习成绩突飞猛进、一跃领先。我问她："这是啥情况？妈妈一点儿思想准备都没有啊！"女儿告诉我她有目标了，想当颇具商业价值的插画师，所以要先考个专业美术大学打个底。女儿告诉我，在她初中时，我没有胡乱批评和指责她学习不好，破坏她对学习和人生意义的思考，以至于她想学习时就可以身心一致地投入。

学习成绩上去了，并没有诸事顺利。跟班主任吵架，时不时想赖在家里不去上学，不听我的劝告丢了零花钱，被同学嫉妒遭孤立，不想写作业闹拖延，躺在床上自责起不来，准考证不见了，专业考场上竟然睡着了……一件一件，考验着老母亲快焦煳的心，不学点心理学，还真的整不了这个小魔女！

类似的情况你是否非常熟悉？其实，孩子在成长中会出现各种问题，这是必然会出现的现象，跟父母懂不懂心理学没什么关系。而父母学习心理学的意义在于，能够看懂孩子的行为，理解青春期孩子问题背后的心理需求，从而有效地引导孩子的成长发展。

在我这些年的工作实践中，我发现父母在亲子教育中的问题主要集中在三个方面：（1）认知上，对于生命个体的成长发展缺乏必要的了解；（2）思维上，对于处理孩子成长中的问题欠缺有效的策略；（3）行为上，欠缺灵活有效的技能和技巧。

当然，很多父母只关注（3），认为教育是言行的表现，事实上“如何想”决定了“如何做”，仅仅追求行为技巧的堆砌，而忽略正确理念和心态的指引，往往会陷入说得都对做得很好但就是解决不了问题的窘境。

因此，于2018年11月正式上线的“非常青春期”网络培训课程，正是围绕以上三个方面来建构体系的：正确地理解问题是有效解决问题的前提，必要的、科学的心理学常识，能够帮助父母懂得孩子行为背后的原因和心理需求，从而大大缓解因不了解而产生的不必要的焦虑和担忧；有效的思维策略，助力父母在思考和分析问题时放松心态，理智面对；而灵活多样的行为技巧，则帮助父母把爱通过正确的方式表达出来，在与孩子的互动中拿到实际的效果。

“非常青春期”的目标是为有青春期孩子的家庭提供完整的解决亲子教育问题的方案。之所以选择青春期家庭作为主要受众，是因为在这个阶段父母普遍感到教育孩子很困难，也普遍更加重视寻求教育脱困之路。同时，近年来青少年的成长问题令人触目惊心，抑郁、自杀、辍学、网瘾、霸凌、死宅、性问题、空心病……令许多父母心力交瘁，痛不欲生。

我也在数次处理未成年孩子的个案中，深感亲子个案的症结不在于孩子，而在于他们的父母。如果父母具备一些心理学的基本常识，很多问题就不会发生，至少不会累积到那么严重的程度。帮助困惑的家长们走出迷茫，这是我做心理学普及和培训工作的初衷。一路走来，无数孩子的成长变化和父母的欣喜感谢，都证明了家庭教育的市场需求极其巨大，也证明了应用心理学通俗化、亲民化、实用化道路的正确性。

亲子教育的本质，对孩子来说，是提供生命成长的安全空间，陪伴和促进孩子的自我探索与发展；对父母来说，是在陪伴孩子长大的过程中，获得自我生命的再次成长。在我看来，亲子教育就是生命教育，也是父母的自我教育，其核心是亲子关系。关系，是一切教育的基础；情感，是一切关系的前提。建立良好的亲子关系，教育就可以“船过水无痕”“润物细无声”。

在《古文观止》的一篇文章中，触龙对赵太后说：“父母之爱子，则为之计深远。”我特别赞赏古人的这种智慧。教育绝不仅仅是教孩子规矩和好好读书，教育是对生命的影响，是对未来的承诺，所以教育者必须有未来观，从未来回望当下来决定做什么。“非常青春期”以“夯实亲子关系，着眼未来发展，建立有效沟通”的三足鼎立理论，延展开青春期亲子教育的蓝图。很多孩子才几岁的父母已经开始学习青春期课程，也有一些父母选择与青春期的孩子一起听课讨论，亲子关系大大改善，教育也从“不懂而教”的辛苦模式，转变为“懂而不教”的轻松模式。

如今，这本《非常青春期》即将出版，感谢何萍老师和田旭老师的鼎力支持，也感谢精心为我整理文稿的李丽敏和林海燕两位助手，更要感谢“非常青春期”项目的联合发起人，以及那些始终信任和支持我的家长朋友们！

在“非常青春期”项目的工作中，我收获良多。陪伴女儿的成长历程为我奉献了丰富的体验素材，多年的努力学习和实践让我能够结合心理学与家长们不断分享，多轮课程讲授让我与家长朋友们建立了紧密的联系，与不同团队的合作让我不断探索心理学如何走近普罗大众……这些都在帮助我成为更成熟、更实干的心理工作者。

我想，对于我的很多曾经的乱糟心情和一地鸡毛，很多父母都是深有共鸣的。或许你正处在四处碰壁满头包的困境中，或许你正在愁眉不展的自我怀疑中，或许你正在无法言说的痛苦迷茫中……但只要走在成长的路上，未来的路就会不同。

初中毕业的女儿曾愤愤地对我说：“很多父母总想秋天的花春天就开！”我好奇地逗她：“那你是春天的迎春花、夏天的荷花、秋天的菊花，还是冬天的梅花呀？”她瞥了我一眼，淡淡地说：“别催我，我会开花的。”

罗秋兰

2023 年 9 月

目录

向内看，与情绪和解

全世界的人都知道情绪与成功人生的关系。懂情绪管理的父母不仅教育更轻松，并且能够为孩子的未来人生奠定重要的基础。

沟通之架起一座连心桥

教育有很多种方式，沟通是其中最常用、最必要的一种。有效的沟通直达心灵、事半功倍，同时掌控有效沟通技巧并不困难。

第一章

确立家庭教育理念是重中之重

“如何想”决定了“如何做”，所有的改变都是从内在开始的。真正的重点不是如何做，而是想清楚如何做。

第一节
让父母成为孩子的人生导师

父母不仅是孩子的第一任老师，也是孩子一生的导师。父母的言传身教对孩子的人生有非常重要的影响，这种影响必然会成为孩子人生中的生命底色。

世界上或许没有哪个国家的父母像中国的父母这样，对孩子投入最多的金钱和精力，也没有哪个国家的父母像中国的父母这样辛苦、焦虑和疲惫。尤其是青春期孩子的父母，是很不容易的。

家里有青春期的孩了，多半就有抓狂的父母，为什么？

孩子到了青春期，一下冒出来好多问题：网瘾、叛逆、死宅、早恋、迷茫、交往障碍、情绪问题、学业问题，随便拿一个出来就够家长心力交瘁、焦头烂额的。打不动，骂不过，跑不赢，还能怎样？所以父母无力啊！按下葫芦起来瓢，明天会发生什么还未可知，何时是个头？父母看了那么多书，受过那么多教育，经验之谈是那么对、那么好，可是一款手机游戏不费吹灰之力就把这一切都打败了，所以感觉挫败啊！父母可能从来没有如此怀疑过自己的人生，真是恼人的青春期！

那么，父母应该怎么办呢？

正确地看待问题才能解决问题

思考一下，如果田里的秧苗长势不好，是先整土还是先整苗？所以，我们把孩子的问题先放一边，好好研究一下土壤的问题，也就是父母自己的问题。这个问题不解决，贫瘠的土地是长不出好粮食的，多么美好的愿望都是白搭。

事实上，当孩子进入青春期，多数父母也走进了自己人生的危机，也就是俗称的“中年危机”，这会导致双方的矛盾格外凸显。

当孩子进入青春期，生命力蓬勃发展，在亲子关系中，其掌控力在上升，表现为活跃、叛逆，想对世界做各种各样的尝试。孩子能尝试的场合，除了家里就是学校，打败父母和老师是向世界证明自己的价值和力量的最佳途径。

而孩子的父母通常年龄在35～45岁之间，看起来事业和家庭趋于稳定，但其中大部分人的感受是原地踏步，如果没有新的突破，很快就有每况愈下的感觉，继而引发严重的生存焦虑感，这已经够父母迷茫无助的了。

当父母感受到来自孩子的挑战时，大多会致力于向孩子传递三观，包括世界观、价值观、人生观。如果父母能够自圆其说、说服孩子还好，如果不能，就会遭到孩子激烈的抨击，甚至是被全盘否定。此时父母就会手足无措，乃至恼羞成怒，家庭大战一触即发。

所以，家庭教育的矛盾，表面上是父母对青春期孩子教育上的失利，内在则是父母对孩子释放着自己人生的焦虑、失望和压力而不自知，从而让很多青春期孩子成了父母失败人生的背锅侠。

教育孩子要有正确有效的爱的方式

1. 爱和正确地爱是两回事

爱本身并没有问题，但不恰当的爱的表达会引发问题。据报道，目前35%的青少年具有心理异常表现，20.5%的孩子有明显的心理问题，也就是超过一半的孩子心理健康状况出现问题。媒体上有关家庭教育失败的案例更是层出不穷，这些数据和案例发人深省。

难道父母对孩子的爱有错吗？为什么付出100分的爱却换不来一个及格的结果呢？为什么为孩子做了这么多，亲子关系却还是剑拔弩张？这个现象非常值得探究。

当父母被问及有多爱自己的孩子，1到100分，能打多少分？我相信父母会肯定地说100分，为了孩子，愿意付出全部，甚至包括生命。既然如此，为什么还有那么多孩子出现各种问题呢？

要知道，教育孩子仅仅有爱是远远不够的，父母从不缺少对孩子的爱，可是爱本身和如何爱，是两个截然不同的概念。

爱孩子，是每个父母的天性。可是如何正确地爱，却不是每个父母天生就会的，所以更要去学习。

2. 解决问题要找根源而非看表征

有些父母会说，我经常看一些有关家庭教育的书籍，也会通过学习一些课程提升自己，有问题还会向专家老师们请教。

是的，有些家长的确做了很多。我做家庭教育培训十几年，在我的课堂上有很多学员是为孩子而来，他们对我的提问是这样的："老师，我的孩子有网瘾，应该怎么办？""老师，我的孩子整天把自己关起来不上学，我都急死了！""老师，我的孩子逃学去追星，为什么他这么疯狂？""老师，我的孩子偷家里的钱给他女朋友买各种礼物，怎么破？"类似的问题太多太多了，父母到底在表达什么？是在说我的孩子出现问题了，快给我一个法宝，让我回去咔嚓一下就把我的孩子搞定吧。可是，用高压锅现压也没那么快吧！

当我进一步询问这些父母，有哪些可能的因素造成孩子出现这样的问题？最初发生了什么？是怎样的演变过程？孩子的感受是什么？孩子想怎样？几乎没有父母能全部回答出来。聚焦问题想办法，如果不知道目标在哪里就开枪，非但问题没解决，还破坏了亲子关系，得不偿失。

关键在于，这些父母所提到的真的是孩子的问题吗？不见得，他们谈的只是症状。也就是说他们只看到孩子的行为表现，这相当于是表象，而孩子的改变往往来自表象之下的本质发生变化，父母忙了半天却没抓到问题的症结和解决问题的关键步骤。举个例子，当锅里熬的粥溢出来一大摊，应该怎么做？最关键的一步是马上关火，第二步才是收拾灶台。很多父母在这个当口做的要么是捂紧锅盖，要么是赶紧打扫一片狼藉的灶台，殊不知这些都只是暂时的表面功夫，解决不了根本问题。

还有一些父母，没有意识到自己对于孩子才是最重要的，总是想方设法把教育孩子的事情推给所谓的专家或者大师。可是，最了解孩子的是父母，最爱孩子的也是父母，孩子最需要的更是父母，如果连父母都不能帮到孩子，那么与这个孩子毫无情感联结的专家或者大师所说的，真的有效果吗？就算这次有用，下一次呢？

所以，有用的方法不过是一把刀而已，关键是拿到这把刀的人怎么用，在什么时候用，用多大的力度，是切菜还是劈柴。这些都不关刀的事，而取决于用刀的人。这就决定了我们不仅要学习方法，还要学习怎样使用这些方法，比这些更重要的是哪个人在使用这个方法，以及对面是一个怎样的人。看到了真正的人，才能看见人内在的心灵，这才是教育的真谛，才是对生命做工作的正确方法。

3. 孩子的改变需要父母的支持

在十几年的心理工作中，我处理了两千多例个案，其中给孩子做个案是最简单也是最难的事。简单在于孩子的心理很好调整，没有固化的人格，也没有复杂的心理状态。我在运用了多种心理临床技术后发现，本体能量疗法是最好用且见效最快的方法。其从一个人的感知习惯入手，就像前面说的关火一样，从最基础的地方解决，之后这个人的思想、感受、情绪、行为自然就会发生相应的变化。

困难的点在于，孩子的感知模式主要是由跟家人互动和成长经历所形成的，对孩子的个案处理即使呈现出效果，如果父母不配合让家庭氛围和教育方式改变，那么孩子回家后很快就会被打回原形。一些本来可以有深入疗愈效果的个案，就因为父母认为事事都是孩子的错，或者急于把孩子搞进学校了事，最后不得不无奈地中止。

父母要有开放的心态，孩子才能快乐成长

经历了种种无奈之后，我发愿将亲子关系心理学常识普及给家长群体，尤其是青春期孩子的父母。我在接受亲子个案时，最先做也最重点做的就是针对父母的工作，因为父母的态度将决定个案的效果。基于此，如下三种类型的父母，我是帮不了的。

1. 不想学习的父母，我帮不了你

在我的个案经验中，至少 80% 以上的教育问题是因为父母不了解孩子而造成的。孩子的成长发展是有规律可循的，顺应规律，将会水到渠成，事半功倍。比如，如果父母知道孩子 10 岁开始发展抽象逻辑思维，就会理解和接受其爱说歪理和顶嘴

的行为，因为那是孩子在尝试让自己变得更聪明的一种方式；如果父母知道孩子在青春期最重要的发展任务是性别认同，就不会焦虑女儿怎么突然想化妆，男孩子怎么一定要有跟同学一样的球鞋……父母通过学习这些常识，就能更了解自己的孩子，就会知道怎样做能配合其发展，而不是胡乱猜疑和焦虑，搞出很多不必要的问题。

2. 不想成长的父母，我帮不了你

成长是什么？就是与时俱进。孩子 12 岁了，父母还在用孩子 7 岁时的方式对待他，怎么可能有效？ 100 年前的人们致力于让青少年顺从听话，而 100 年后的今天，很多父母还在要求孩子顺从听话。用从不改变的头脑和心态面对日益变化的孩子和世界，这样的教育说它是反人类都不夸张，简直就是在拖孩子的后腿。

3. 不想改变的父母，我帮不了你

成长就是要改变自己，继而面对以前看不到的各种可能性。父母总是坚持自己是对的，孩子是错的，这样的教育效果呈现出来就是孩子没有自信和成就感，会愤怒和无力，对世界索然无趣，更谈不上有做事的动力了。父母需要想一想，假如自己所说与所做的真的是那么对、那么好，为什么孩子就是听不进去？就是不愿意改变呢？这其中除了表达方式需要优化，是不是家长的有些认知也需要改变呢？为了孩子父母可以付出一切，为什么就不能为了孩子改变自己呢？

在这个时代，学习、成长和改变已经是父母的必修课，由不得你愿意与否，而是时代发展提出了这样的要求，因为父母过去的成长经验早已无法适应现在的世界。

如果你的孩子还小，未进入青春期，应该早做打算，未雨绸缪；如果你的孩子已经进入青春期，还没有出现以上问题，你应该调整教育方式，避免这些问题的发生；假如你的孩子已经有了这些现象的苗头，甚至问题很明显，那么你需要痛定思痛，马上行动起来，刻不容缓。

家长朋友，应对孩子青春期的问题并不困难，但是需要学习，我相信从你开始学习的那一刻起，你孩子的人生轨迹就会发生改变，因为青春期的成长会奠定孩子成年期的成就，推动其走上人生成功之路。

成长之后的父母也将成为孩子的人生导师！

特别提示

最了解孩子的是父母，最爱孩子的也是父母，孩子最需要的更是父母。父母怎么做才能成为孩子的人生导师：

首先，正确地看待问题才能解决问题。

其次，教育孩子要有正确有效的爱的方式。

最后，父母要有开放的心态，孩子才能快乐成长。

父母看到孩子内在的心灵幼苗并给予悉心的浇灌，这才是教育的真谛，才是对生命做工作的正确方法。

第二节
决定孩子成才之路的家教秘诀

孩子的成长如同庄稼一样，需要有好的土壤给予营养的支持。孩子从小耳濡目染怎样的家教，这是身为家长需要考虑和规划的。

决定孩子成才之路的家教秘诀到底是什么？在谈这个问题之前，先静下心来问自己：

我的生活是如何走到今天的？我以前做了什么导致我现在的生活呈现这个状态？同时请想象一下，10年或者20年后的我会是什么样了呢？我希望那时候的我是怎样的呢？想要成为那个样子，现在需要做些什么呢？

当这样问自己的时候，我们会发现人生会呈现很多的可能性，现在做什么与未来会呈现什么有很大的关系。你所想要的未来决定了现在向左走还是向右走。

想象一下我们的孩子，10年、20年后，会成长为一个什么样的人，会以怎样的状态生活在这个世界上，假如那是父母对孩子发自内心的爱和期待，现在应该做些什么来帮助孩子实现呢？

——这就是亲子教育的未来观。

解决问题不等于达成目标

要想在秋天有所收获，必须在春天耕耘播种。教育更是如此，绝不是头痛医头脚痛医脚，而是要未雨绸缪。

很多父母的想法是找到孩子的问题，然后解决，似乎这样就可以万事大吉，得到那个想要的未来。然而事实并不是这样，就像一个人把病治好，不见得就健康了。假如不良的生活习惯不改变，情绪和心态不作调整，将来有可能还会得病。

孩子的成长也是一样，如果不玩游戏，成绩就会直接变好吗？如果每天不宅在家里，就直接有了前进的方向吗？如果不早恋，成长发展就会顺利吗？

消灭表面的问题，只说明我们不想待在原地，这跟我们明确要去哪里显然是两个不同的概念。一味追求去除孩子的问题，只会变成救火队员，而无法让孩子的人生顺利发展，因为这样的教育缺乏未来观的引领。

教育孩子，以未来为导向

以目标的指引为保障，对孩子的教育不是只盯当下，而是要瞄准未来。

这样看来，父母是否有未来观就非常重要，原因在于：

1. 生命的发展永远向着未来，孩子最终会离开父母

世界上大多的爱都指向相守，唯有亲子之爱指向分离。成年后的孩子离开父母能过得成功、快乐、幸福、满足，才是健康的亲子关系，这样的家庭教育才是成功的。

没有父母的许可和意见，就不知道怎么生活，遇到困难就自卑退缩的孩子，活得太辛苦了。当了解到某个孩子跳楼自杀的新闻时，多少父母的心会被刺痛？孩子被给予生命却不愿留在这个世界上，这样的家庭教育中究竟缺少了什么？

2. 未来观使我们当下的教育有的放矢

未来无法预测。对于孩子的教育，家长要思考需培养其具备哪些能力去应对未来，让他们在我们或许看不见的世界里能好好生活，拥有成功的人生。

下面是我跟我青春期的女儿日常互动的真实案例。

有次女儿去参加 Cosplay 动漫展，临出门前我给她拿了 200 元钱，加上她自己的零花钱大约有 300 多元。因为她穿的 Cosplay 服装上没有衣兜，我再三劝说她背上一个小巧的背包，她拒绝了，她说她会把钱包放到带去的小拖箱里。我强烈感觉到她那天会丢钱，但想到孩子的事情终究要她自己做主，即使后果不良，也得承担做决定的结果，就忍住不再说了。

果不其然，下午她回来见到我就气呼呼地说："妈妈，我丢钱了。"

假如遇到这样的情况，你第一句话会如何回应孩子呢？

我问过很多家长，他们会说“看吧，不听我的话吃亏了吧！”，或者会说“你怎么不把钱放好呢？”，又或者说“你不是说自己能管理好吗？”。这样说似乎没什么错，可是有效果吗？会对未来产生什么影响呢？

孩子丢了钱，会不会很恼火？是不是很沮丧？如果我这样放马后炮，除了证明我是对的，我还能得到什么呢？孩子会不会因此感到被嘲讽，自尊心受伤，觉得妈妈不会在她受损失时站在她这边，从而不再把真话向我倾诉？我在想假如我是她，在这种情况下，我希望妈妈如何回应呢？

于是，我跟女儿说的第一句话是：“宝贝，妈妈谢谢你。”女儿听后露出很惊讶的表情，我接着说：“你走之前我一再叮嘱你，你没有采纳我的意见，现在你丢了钱，我以为你会掩饰，不会告诉我呢，没想到你这么信任我。”女儿说：“我为什么不信任你，你从来没有因为这些批评过我呀。”我听到她这样说，很庆幸自己没有幸灾乐祸，也并没有批评她。

然后，我就询问了具体情况，她一五一十地告诉我，钱只被拿走了两百元，钱包和剩下的钱还在，我据此分析应该是她一起参加活动的小伙伴拿的，只有朋友并且是在特殊情况时才会如此手下留情，除了一起活动的伙伴没有谁知道她的钱放在哪里，如果真是小偷肯定连钱包和钱全都会拿走。

她非常生气地说：“怎么能这样，有本事找父母拿啊！”我说：“如果父母会给，还用偷拿你的吗？”女儿说：“那可以跟我借啊！”我告诉她：“假如她能还得起也不用这样做了啊。”

我教她去理解拿钱的人。那个人内心的无力造成背后偷拿的行为，而拿了朋友的钱要背负多大的心理压力？这个心理负担可能要伴随她很久，她损失的岂止是200元啊。女儿听后慢慢从愤怒转为理解和思考，最后她说："也怪我自己没放好，我下次要好好藏起来，丢了两百元我好心疼。"

在这一次沟通中，我作为母亲，站在未来的角度，与孩子所做的沟通实现了以下三个目的：一是增强了女儿对妈妈的信任，二是帮助她提升了分析问题的能力，三是教她更懂得理解和宽谅他人，同时还反思了如何加强财物的自我管理，从那以后女儿参加动漫活动再没丢过钱。

这些角度对于孩子将来正确、有效地应对此类问题是非常重要的，这就是从未来看当下所能做出的教育的效果。

3. 青春期的发展直接联结到成年期

每个生命个体在成年期收获成就所需的很多品质和素养是在青春期培养出来的。青春期是孩子探索其对世界产生怎样影响的时期，若收到的反馈信息是正面的，就会充满信心和力量；若收到的反馈信息是负面的，在将来面对人、事、物时就会遭遇诸多困难。

所以，教育最重要的不是做，而是有效地做。孩子的成长没有机会走回头路，身为父母要站在未来看孩子现在的问题。这样很多时候就有了正确的方向，作为成年人的智慧和力量就能够发挥出来，给予孩子正面的支持。这对于孩子未来发展是非常有益的，此时父母的教育就真正成了青春期孩子成长的助力！

不做阻碍孩子未来发展的事，要做对未来有正面意义的事。这是现代教育的方向。父母必须要看向未来，你不主动看，未来也会给你一个不想看的结果。假如父母看着未来引导孩子，孩子就会一直向着未来的方向迈步，为明日之路打下基础。

胸怀未来的人才能赢天下。

特别提示

教育孩子，要以未来为导向，为何这么说呢？

1. 生命的发展永远向着未来，孩子最终会离开父母。

2. 未来观使我们当下的教育有的放矢。

3. 青春期的发展直接联结到成年期。人生所需的品质和素养，很多是在青春期培养出来的。

第三节
三个关键词破解青春期孩子的教育难题

> 教育是一项大工程。如果家长在教育孩子的时候能抓住核心，每件事都做到点上，教育的效果就会事半功倍。

每个孩子在成长中都会出现很多问题，家长普遍最头疼的是青春期孩子的教育问题。

有很多家长会向我痛诉："老师，我的孩子坚决不去学校"；"老师，我的孩子有网瘾，除了打游戏什么也不干"；"老师，我的孩子早恋了，我好担心出乱子"；"老师，我的孩子死宅在家里根本不出门"……然后下一句就是——"我应该怎么办？"

也有的家长问："老师，我跟孩子沟通过很多次，可是收效甚微"；"老师，我报了培训班，学了各种技巧，可是孩子不吃这一套"；"老师，我请教了好多专家，可是孩子的问题不是按专家说的那么变化"；"老师，我花了好多心血陪孩子，可是孩子感受不到我的爱"……听了这些问题，我能感受到家长在孩子的教育问题上的确很用心，但问题往往非但没解决，反而更严重，这是怎么回事呢？

青春期孩子的教育真的那么难吗？每个孩子都不同，而且孩子在青春期的变化特别大，家长如何以不变应万变呢？

依我看，之所以被这些问题所困扰，是因为没有掌握亲子教育的核心，家长做了很多事，但都是在外围闹动静，无法进入到孩子的内心去起作用。况且，很多父母只会说教或者粗暴干涉，而青春期的孩子思维活跃，情绪化，有主见，不易被说服。若再施以高压就会造成孩子跟父母的对立状态，这就很尴尬了。

其实，世界上没有解决不了的问题，只有还没掌握的方法。无论孩子的成长多快，变化多大，亲子关系的内核是不会改变的，抓住核心就能牵一发而动全身，突破困境。

三个关键词破解教育难题

面对青春期纷繁复杂的现象，只需掌握三个关键词就能破解这些难题。

第一个关键词：关系

这里所说的关系专指亲子关系，这也是所有教育的基础。在教育这件事上父母要谨记一句话——关系重于教育！

有个家长曾问我："老师，我的孩子青春期很叛逆，不愿意跟我说话，家里的房间我进去他就走开，这样的情况我怎么跟他沟通呢？”

很多家长以为这是沟通问题，其实不然，这分明是亲子关系很糟糕。如果孩子都不愿意跟父母在一个房间待着，还哪有机会讲话，谈什么沟通，又有什么教育可言呢？

关系是亲子教育的基础，如果关系不好，无论父母怎么说孩子都不会听的，就好像一棵树的根坏掉了，你跟我都知道结果会怎样。

关系的好坏直接影响说话的效果。举个例子，你穿了一件新衣服，好朋友跟你说“这件衣服不适合你哦”，我想你会考虑他的意见吧，即使你不同意也不会介意，因为是朋友嘛。但是想象一下，如果是一个平时跟你关系不好的人说“这件衣服不适合你”，你会有什么感受？你会觉得他在挑衅、找碴、说不定是在嫉妒你。就算你也觉得这件衣服可能真的不太适合自己，但因为很讨厌这个人，就不愿意听他的意见，反而偏要穿或者用不予理会表示抗议。

要想有好的沟通效果，必须先建立好的关系，否则信息无法传递到位，就更谈不上对孩子的正面引导了。

第二个关键词：沟通

沟通需要建立在关系的基础上，同时又反过来影响关系。沟通像是一座桥梁，凭借它父母就能走进孩子的心里，孩子也能从桥的那一头走近父母。生活中，父母与孩子的沟通不见得都很顺畅，如果不想把沟通搞成吵架，最后两败俱伤，就必须要架设好这座桥梁。成功的家教案例中，父母都会与孩子沟通并且能达到好的沟通效果。

好的沟通有来有往，是互动的。沟通最少有两个人，只有一个人说不是沟通，是单方面的信息发布。好的沟通并不是结束之后就得听某一方的，或者完全按照谁的意思办，这不是沟通，是披着沟通外衣的控制，而控制是非常伤害亲子关系的。

什么是沟通呢？好的沟通是怎样的呢？沟通是双方通过对彼此信息的了解，达成一致的目标。就是通过互动聊天彼此了解，进一步找到双方都认可的说法和做法。

有家长曾经问我："罗老师，好的沟通有什么标准吗？"当然有，标准有很多。尤其是亲子沟通，用我的话来说就是"逮住什么都能聊个五毛钱"。我跟我处在青春期的女儿就是这样，无话不谈，没有禁忌。只有孩子表达出来，你才能了解他到底是怎么想的，才能有的放矢，不然就会成为全世界最后一个知道自己孩子出了状况的父母！这一点非常重要，沟通是亲子教育的必杀技，父母要思考如何让沟通达到良好的效果。

第三个关键词：未来

以孩子未来的人生需要什么为导向，来确定我们现在应该给孩子怎样的教育。互联网时代，未来观更是亲子教育的目的所在，在我的个案咨询中，这是绝大多数家庭教育的盲区。

未来是亲子教育的终极目标，父母都知道这一点，但在现实教育中往往把它忽略了。

《战国策》中有一个故事，叫作《触龙说赵太后》，讲的是战国时期秦国趁赵国政权交替之机大举攻赵。赵国形势危急，向齐国求援。齐国一定要以赵太后的小儿子长安君为人质才肯出兵。赵太后执意不肯，致使国家危机每天都在加重。

当时朝廷的左帅公就是触龙，他去拜见赵太后，巧妙地劝说她改变了心意。左帅公是如何做到的呢？其实就是运用了未来观使爱子心切的赵太后做出了明智的选择。

他对赵太后说："我看您爱女儿燕后比爱儿子长安君更多。"赵太后说："你错了，我爱长安君比燕后更甚一些。"触龙反驳说："父母爱子女，就会为他们考虑得长远些。太后送燕后出嫁时，（燕后上了车）还握着她的脚后跟为她哭泣，惦念她的远嫁，这也够伤心的了。虽然伤心，每年祭祀为女儿祈祷时却说：'一定别让她回来啊'。这难道不是从长远考虑，希望她有子孙相继为王吗？但是您让长安君地位高贵，并且把肥沃的土地封给他，还给他很多贵重的宝器，却不趁现在（您健在时）让他有功于国，一旦您驾崩了，长安君凭什么在赵国立身呢？老臣认为太后为长安君考虑得太短浅，所以认为您对长安君的爱不如燕后。"太后哑口无言，想想很有道理，就同意了让长安君到齐国去做人质，之后齐国就出兵了。

看了这个故事，父母有什么感受呢？俗话说"可怜天下父母心"，父母那么爱孩子，必要时甚至愿豁出性命，可是在教育这件事情上却不知道该如何用力，不去看未来，这跟爱子心切而糊涂的赵太后有什么区别呢？古人都明白爱孩子要为他的未来着想，我们现代人更应该以未来为目标，做好当下的教育。

父母首先要有未来观，然后在未来观的引领下思考孩子需要储备什么能力才能在未来世界立足，即使父母先于孩子离开世界，给孩子留下的也是取之不尽的财富，因为习得的能力会伴随孩子一生。

我们留给世界的最好的作品，除了孩子难道还有别的吗？

再次回到三个关键词：关系、沟通、未来。以关系为基础，盯着未来的目标，用良好的沟通达成亲子教育效果。

三个关键词，组成了一个三角，稳稳地支撑着青春期教育的核心。请父母思考一下，您对孩子的教育三角齐全吗？有没有哪个角需要完善呢？

特别提示

家长特别想把孩子教育好，有时却不知道在哪里发力。若是把家庭教育的核心总结为三个关键词，那就是关系、沟通和未来。

第一个关键词是关系。关系是亲子教育的基础，它直接决定着教育效果。

第二个关键词是沟通。沟通是一座桥梁，可以连接父母与孩子之间内心的想法和情感。

第三个关键词是未来。以孩子未来的人生需要什么为导向，来确定我们现在应该给孩子怎样的教育。

第四节
当青春期撞上中年危机，家长如何脱困？

当家长进入中年阶段，难免会遇到青春期孩子的各种状况。家长要提前做些准备来应对所谓的突发情况，避免临时抓狂。

古语说“知己知彼，百战不殆”，假如动荡的青春期好比孩子人生的一场必经之战，孩子是冲锋的战士，父母是指挥官，那应该怎样看待这场战争的格局和发展态势呢？

在人生发展的时间线上，当孩子进入青春期，家长基本是在 35 岁到 45 岁之间，刚好处在成年中期，有的还可能延长至 50 岁到 55 岁。这是一个人在整个人生发展过程中各项成就可能达到最高水平的阶段，但同时也是中年危机时期。

中年危机表现的三个方面

中年危机对于家长来说，包括三个方面。

1. 过度的稳定导致生命活力下降

这个年龄段的家长可能会面临工作和家庭几乎一成不变的状况。因为已经完全适应了这样一个环境，每天都是同样的生活内容，久而久之就好像失去了某种活力。如果不能让工作和家庭状况有新的起色，就会体验到每况愈下，仿佛体力和精力都在下降，不足以应对当下的生活。

工作中，很多人安于现状，已经没有当初创业或在职场上追求成功的那份激情。家庭中，每天回家看到伴侣，刚结婚时的新鲜感以及爱情的甜蜜不知何时已经远去，进入到一个貌似平静却有些枯燥乏味的阶段。

佛系的人们告诉自己这是岁月静好，但生活却有可能禁不起一点波折。他们的内心深处其实向往改变，只是如果方向不明确，很可能导致生命能量的混乱流动，比如爱上打麻将、酗酒，或者追求一劳永逸的投资，也有可能陷入婚外恋。

2. 生活压力引发生存安全的焦虑感

这个时期的成年人，因为年龄的原因，可能个人的身体健康会出现某些问题，同时由于事业和家庭的状况一成不变，没有活力，但又有养家的压力，从而引发对生存安全的焦虑感。

有这样一个笑话：上司对下属说，你千万不要去吼那些年轻人，对他们要客气一点，因为现在的年轻人，你吼他就跑掉了，一不高兴就不来上班了。可是对于中年人，你就可以随便骂，他不会走的。为什么呢？因为他要养家糊口，因此很在乎这份工作，丢掉工作以后可能就找不到饭碗了。这当然是一个玩笑，但是能从另外一个侧面反映出来，中年人会有明显的生存安全的焦虑感。

大部分中年人都害怕失去工作，害怕没有收入或者收入递减，也有可能会感到事业上的成就感下降，找不到曾经的价值。同时在家庭生活中，可能跟伴侣似乎失去了激情，没有了情感的滋养，更多的只是道德和责任的维系。在亲子关系中，当孩子进入青春期，家长对其的控制力逐渐下降。这种不确定性会对家长造成极大的挑战，激发其生存安全的焦虑感不断扩大。

3. 不知如何向孩子传递正确的价值观

这一点包括两个含义，即价值观本身是否正确和传递方式是否正确。

价值，即客观存在的人、事、物或行为后果对于个体的积极意义或重要性。价值观，就是指个体（或集体）对于价值所持的信念，它表达出个体（或集体）的态度、主张及对意义的总体考量和评价。价值观与人生观、世界观并称“三观”，并受制于人生观和世界观，是个体心理结构的核心之一。它决定和调节着个体的动机、需求、愿望和行为模式，也是人用于区分好坏、分辨是非及价值排序的心理倾向。

简而言之，对于个体来说，该不该做某件事、这样做有什么意义、是否应该坚持、要达到什么目标以及为什么等，都是由价值观决定的。现在流行的“内驱力”这个词，其实主要指的就是内在价值观产生的自发的行为动力。

价值观的形成主要受成长经历、教育导向和社会环境的影响，一旦形成之后，又反过来影响个体对世界上人、事、物的认知和评价，以及对行为目标和效果的追求与评估。

青春期，是孩子三观形成的重要时期，在这个阶段，孩子非常需要被引导。

家长将自己的价值观传递给孩子时会说：你这样做有什么好处？你那样做有什么危害？你应该多参加哪些活动，因为会给你的未来加分；你应该如何对待老师；你应该怎么和同学相处，或者说金钱是什么……家长跟孩子的交谈内容可以包括一些社会热点事件，借此向孩子传递对这个世界的看法，希望孩子接受其认为正面或者有用的东西。当然，就算家长说得很对，但众所周知，对青春期孩子传递的价值观往往不是那么容易被认同的。

而此时遭遇中年危机的家长，通常是上有老下有小，在家庭里是中流砥柱，可能还存在事业危机。这些危机所引发的生存安全的焦虑感，常常会导致家长对孩子教育的保守性，因为下意识想要追求一份安全感。家长内心希望孩子能够平安、健康、顺利地度过其人生。基于这样的心态，可能不自觉地把自己这个阶段对于人生的需求放到孩子的身上。比如，规划孩子的未来，考哪所大学、学哪个专业，毕业之后去哪个单位，然后跟什么样的人结婚，等等。

这样的教育往往缺乏了重要的一环，就是未来观。如果家长一味地去追求稳妥和安全，等于把孩子应对未来的能力储备不断减分。

这种情况下，孩子的某些能力被抑制，得不到完全的发展。未来人生的高度和人生成就感会因此被拖了后腿，甚至于反向发展。现在的教育价值观，目前来看对孩子似乎是安全的。可是想想 10 年后，20 年后……或者当父母离开这个世界时，孩子正处在人生的高峰期，他要怎么面对这个世界？难道真的确信，未来的世界会跟现在看到的一样吗？显然不是。

三个方法帮助家长度过中年危机

当孩子进入青春期，家长也进入危机期。为了更好地度过中年危机这个阶段，家长从以下三个方面去做是有效的：

1. 把眼光聚焦在自身，站稳自己的人生

家长如果站不稳自己的人生，更不要提扶持孩子，搞不好把孩子拽到地上。无论是工作还是生活，家长都需要更多信任和激励自己，多学习，多改变，不仅焕发自身生命力，更是给孩子示范积极的人生态度，这个示范作用很重要。

我在进入心理学行业的最初，非常勤奋，晚上经常学习到一两点。我女儿现在追求她的美术专业梦，天天晚上加班加点到很晚，其实她从妈妈身上能看到，要想有所成必须俯身耕耘。我不需要教育她应该怎么做，我只需照顾好她的生活需要，关心她的情绪，鼓励她就可以了。

2. 爱惜和再建设家庭，创造更多乐趣

家庭氛围对于孩子的成长有多重要无须我赘述。即使对父母本人，家庭氛围也是至关重要的。家庭带来的感受占据了人生绝大部分的感受。而幸福和快乐不是别人能给的，是需要自己创造的。

婚姻关系出现问题的父母，更需要一份内心力量去面对真实的生活，不让索然无味的日子消耗掉生命力，更重要的是不要让这些问题影响到孩子。家长希望孩子将来如何经营他的家庭，如何应对遇到的感情问题，就要给他示范遇到这些情况要怎么做。

3. 承认自己的不足，跟孩子一同学习

孩子是未来的主人翁，而身为家长的我们是现在这个时代的中坚力量。学习成长不仅仅是孩子的事，生而为人要有终生学习及终生发展的态度，才不会落后于时代。家长落后了，那么其教育一定是落后的。

孩子需要父母，但从来不需要完美的父母。父母并不是所有的事情都懂，遇到的问题也未必都知道该怎么解决。所以父母要去了解孩子的变化是什么，这个时代的不同是什么。在对孩子进行价值观传递的时候，以一种接纳、平和、探讨的方式跟孩子交流，孩子能有所成长，我们也能从中有所学习体悟。

举个例子，我跟女儿之间有一场关于时代幸福感的谈话。我对她说：“我看到很多游乐场里面孩子们在玩耍，感觉你们这一代好像被圈养起来了。你们可以轻而易举地得到很多玩具，通过上网知道很多资讯。你们聪明，但是缺少那种与大自然连接的灵性。我们小时候爬树、下河、玩雪、捉虫、捡蘑菇，有很多这样的经历，而你们的这种经历太少，我觉得我们这一代比你们更幸福。”

女儿很平和地回应我说：“妈妈，书上说每个时代有每个时代的真理。你们那个时候玩的我们没有玩过，所以我们不知道那种快乐是什么。但是我们这一代就是在电子游戏和游乐场中

长大的，我们真实能感觉到的就是这些，这是不同的幸福啊！你们有你们的快乐，我们有我们的快乐。”

女儿这番话让我受益匪浅，她平静地听我说完话，没有急于反驳，而是淡淡地道出了她的看法。在接纳度和理解力上，孩子未必比家长逊色。

所以身为父母，不要自诩高明，有时真的需要俯下身来跟孩子平等地交流，你会发现，他们的智慧超出我们的想象。

孩子是家长的一面镜子，当青春期撞上中年危机，我们是老牛拉破车，迫使孩子做出成长的让步，还是家长也展望着自己的未来，振作精神以身作则，和孩子共同向前迈进？我想，真正爱孩子的你，不用我来给出答案了。

特别提示

家长教育孩子要从源头做起，应从父母自身和家庭出发，做好如下 3 点。

1. 把眼光聚焦在自身，站稳自己的人生。家长焕发自身生命力，给孩子示范积极的人生态度。

2. 爱惜和再建设家庭，创造更多乐趣。家庭带来的感受占据了人生绝大部分的感受，而幸福和快乐不是别人能给的，是需要自己创造的。

3. 承认自己的不足，跟孩子一同学习。生而为人要有终生学习和发展的态度，才不会落后于时代。家长落后了，那么其教育一定是落后的。

第五节

如何帮孩子树立健康的价值观

价值观对青少年未来的生活实践有着重要的作用和意义，并且对其行为有推动或抑制的影响。因此，培养孩子健康的价值观是家庭教育的重要一环。

有很多青少年家长反映，孩子三观不正，令人担忧。曾经有个警察父亲忧心忡忡地跟我说："我儿子十七八岁了，每次听到他对社会时事发表的那些言论，我都担心这小子以后会不会反社会，将来他工作以后在单位里怎么混，如果有什么邪教组织拉拢他，他肯定就跟着上蹿下跳。有时候我简直想把这混账抓起来，免得将来给我丢脸。"

这位父亲的心情着实代表了不少家长的焦虑。孩子随着年龄的增长，会越来越多地面对纷繁复杂的社会现象，如何确保孩子不会因一时糊涂行差踏错、误入歧途？这就需要父母提前培养孩子健康的价值观。

为什么要培养孩子健康的价值观？

要想回答这个问题，先要明确什么是价值观。价值观，是人的内在对一些人、事、物的价值和意义的某种看法。价值观是在某件事发生以前就存在于人的内在里的，会直接导致一个人做或不做某件事的行为。

举个例子，你去市场买菜。看到一把菜，觉得又新鲜又便宜，你会倾向于买这把菜。反过来，如果你觉得这把菜又贵卖相又不好，你肯定不会买。

这就是价值观的作用。一把这样的菜大概值多少钱，符合什么条件你会买或者不买，你内心存在着一个大概的想法。如果符合价值观，就意味着价值高，人们便会趋之若鹜。反之，就排斥、回避。一把菜标价十元钱可能无人问津，可是一套房子上百万元却可能遭到哄抢。为什么呢？因为人们普遍认为，一套房子对于生活的价值远远高于一把菜，这就是价值观的推动作用了。

如果一个人内心有清晰的价值观，会自然而然明白什么事不要做，什么事要做，什么事要做好，什么事即使可能失败也要竭尽全力。这是内在的价值观使然。

在前面提到父母要做孩子的人生导师，那么成年后的孩子也要做自己的人生导师。在他们内心拿起教鞭的第一个老师就是价值观。它无时无刻不在告诉孩子，你要做什么，你不要做什么，为什么，你应该怎么做，等等。如此，培养健康的价值观对孩子的一生非常重要。

什么是健康的价值观呢？可以说每个人的价值观都不相同，不可能有统一的标准。对于孩子的成长发展来说，凡是符合生命成长发展的规律，能够帮助孩子在未来走出成功、快乐、幸福、满足的人生路的价值观都是健康且有益的。就好比你种一株花，你要做些什么才是对的呢？当然以是否能令花苗茁壮成长为标准，由此就要去观察和监测水分、温度、光照、土壤等状况，根据花苗的成长阶段和长势进行调整，这和更好地帮助孩子成长是一个道理。

培养孩子价值观的三个难题

青少年家长培养孩子的价值观遇到的难题主要在于三个方面：

难题一：价值观模糊

家长不知道也不了解自己的价值观，遇到事情就去做、去解决，很少冷静地想清楚什么是重要的，应该怎么做才能达到目标。

很多家长到我这里来诉说烦恼的时候，我都会问：“你希望怎么样呢？为什么这个对你重要呢？”家长往往会眨巴眨巴眼睛愣住，好像他们只关注孩子哪里不对，只想孩子快点改正，但是对于改成什么样，为什么要那样，这个想法是否合理，从没仔细想过。

难题二：无法平静地向孩子传递价值观

很多父母不能就价值观心平气和地跟孩子交流，总是采取批评、训斥、吼叫的态度，所以孩子听不进去、不愿意接受，其实这是成年人的情绪管理问题。

像前面提到的那位警察父亲就是这样，一心为孩子好，这是肯定的，但是他太心急了，拿出警察抓坏人那一套对待青春期的孩子，怎么会不发生冲突呢？

难题三：无法将教育融进日常生活

家长总是不能巧妙地把教育融进日常的交流和活动当中，这是一个技术方法的问题。效果最长久的教育是“润物细无声”的，在日常和孩子的沟通交流中，家长要能就任何话题都与孩子开启嗨聊模式，在嗨聊的过程中，对孩子进行正向价值观的传递。

其实父母对孩子传递价值观的渠道一般最主要的就是两种：

① 示范，父母是怎么做的。

② 沟通，父母是怎么说的。

言行一致之下的价值观传递，必然会令孩子耳濡目染，愿意接受。

如何培养孩子健康的价值观

1. 保持情绪稳定，多询问孩子的想法

在价值观培养的教育中，最忌讳的就是居高临下、强行灌

输。之前提到的那个警察父亲对儿子恼恨得咬牙切齿就让人感觉啼笑皆非。家，应该是怎样的？在家里是否可以畅所欲言，家人之间是否可以好好听对方把话说完，这些都非常重要。

我问那个警察父亲："你的儿子为什么会说这些话，他经历了什么事情，脑子里是怎么想出来这些的？"

这位父亲眨巴着眼睛说："我没问，但是他这样是不对的。"

我又问他："你办案是要抓一个坏人了事，还是要侦察清楚一窝端才算破案。"

他说："当然是一窝端。"

我说："那你是不是需要耐心问一问和听一听你儿子为什么会这样说？他是怎样想的，这种想法是如何形成的？他经历了什么？是他观察到什么还是被别人灌输的？你是不是要了解清楚这些？难道你对自己亲生儿子的耐心还不如对待犯罪嫌疑人吗？"

那位父亲不好意思地笑了，说："我确实太心急了，可能是职业的原因，看到社会太多阴暗面，所以很担心儿子学坏。"

我说："你的动机是好的，正因为你看到太多阴暗面，所以更要引导儿子走向光明，但你又不是太阳，哪能说几句话甚至训斥几句就让儿子阳光灿烂，是不是？"

这位父亲接受了我的建议，对儿子改变了态度，后来亲子关系改善了很多。

2. 引导孩子从多角度看到不同的价值，不仅要说，更要做给他看

很多家长都不肯耐心询问孩子的想法，还没了解清楚事实就作出反应，结论往往是偏颇的。

在我女儿小时候，有一次我发现她对我撒谎了，我问她是怎么想的，她说害怕妈妈发现真相。这就是她的价值观：为了回避被妈妈发现，她就会撒谎掩盖事实。

我又问她："为什么怕妈妈发现呢？"

她就哭，不说话。

我想她心里明白却说不出来，就帮她说："你是怕妈妈生气还是怕妈妈惩罚你，或者怕别的什么？"

她说："怕妈妈生气。"

这是孩子撒谎的深层价值观，孩子年龄还小，往往想问题很单一，需要家长引导她看到多个角度。

我就对女儿说："可能以前你做错了事妈妈很生气，给你留下了这样的印象，所以你害怕，对不起，是妈妈不对。"

女儿这下哭得更委屈了。

我继续说："可是你说假话，妈妈还是会发现，不仅可能生气，还可能伤心，这样就更不好了，是不是？"

女儿点头。

我说："如果你撒了一个谎，之后就要用一个又一个谎去圆，太累了，但是你跟妈妈说实话，妈妈可能有点生气，但是妈妈会很高兴你是个诚实的孩子，你也会感到很轻松，不用再对妈妈撒谎，这样是不是更好？现在，你能跟妈妈说实话吗？妈妈不生气，妈妈保证以后只要你说实话都不生气，好吗？"

女儿同意了。我们就这样轻松地讨论了以后发生这种事怎么来处理。

在这个谈话的过程中，我跟孩子分析了不同角度的利弊，其实就是把价值观描述清晰，并用她听得懂的话呈现出来，哪种对她更有利，她当然体会得到。并且我说到做到，把说实话的价值观实实在在地做出来，只要女儿说实话我就不生气，所以女儿基本上不需要对我撒谎，因为撒谎的价值低，让她焦虑、担心、负担重，而诚实会带来轻松、理解和妈妈的信任，这两种价值观摆在孩子面前，她自然会选择后者。

只有经过验证确实会得到更高的价值，才会被孩子认同并执行，否则她就会产生怀疑进而放弃。很多父母说一套做一套，就会令孩子困惑，进而不信服父母，那么就很难引导其接受父母倡导的价值观了。

3. 深入地询问，引导孩子深度觉察自己的价值观并加以完善

很多时候，家长害怕孩子吃亏受累，没等他思考或者尝试，就给了他答案，孩子没有得到那个体验，接受起来就很困难，或者当时印象不深，过后就忘了。

我曾经跟女儿谈论过与人合租的事情。她说有个同伴，别的同学都跟她吵过架，不愿意跟她合租，但女儿却选择了跟她一起住。

我问女儿："为什么你愿意跟她一起住呢？"

女儿说："她和其他人都吵过架，别人都不愿意跟她一起住，而且就算住在一起也还是会吵架。"

我问："为什么别人都和她吵架呢？"

女儿说：“她就是有点任性，不爱收拾，把房间搞得很乱，别人提醒她也不听。”

我又问：“你是不是想让这位同学觉得有人愿意和她一起住，所以你牺牲自己的舒适度？你觉得前者更重要吗？”

女儿想了想说：“我可以不跟她计较。我提醒过她，要跟我住就必须整理好自己的东西，不然我要生气的。”

我说：“也许她不是故意的，就是在家里养成了习惯，假如她一直做不到，也不听你的劝告呢？”

女儿说：“那房东来赶人，我是要说清楚的。”

我说：“可是房东不知道真相，也许她会怪罪你们两个呢？”

女儿想想说：“如果她实在不听劝告，我就自己住吧。”

我说：“哦，原来你也有界限，那你会自己搬走吗？”

女儿说：“我为什么要搬走，谁不遵守约定谁搬走。”

我说：“你能容让同伴，太难得了，听到你有应对的界限，我更高兴。不过我觉得你的舒适度是最重要的，无论谁搬走都不打紧，假如她实在不搬，你也可以搬走，累一时却能换得后面长久的舒适，你说呢？”

女儿说：“我不想搬，到时候再看。”

我说：“好的，你求学的目的最重要。只要不特别影响心情，影响你求学，我觉得其他的都好商量，你说呢？”

女儿点头表示同意。

培养孩子形成健康的价值观，是一个动态的长期的过程，不可能固定在一个点上。有的家长心急火燎地把教育孩子当成灭火，想抱着高压水龙头把火苗浇灭了事，完全不管之后的一片狼藉。无效的教育是不断加大力度，可是却有越来越多按下葫芦起来瓢的情况发生。而有效的教育是起初貌似很麻烦很细致，但慢慢就会越来越轻松、越来越省力。

有健康价值观支持的孩子，会越来越成熟，越来越能为所当为、止所当止，把精力花在对自己的成长发展真正重要的方面。这样在离开父母之后，他们依然能持续进步，走好自己的人生路，我相信这是每一个父母所期望的。

特别提示

价值观并非生来就有，而是孩子在不断成长过程中逐渐形成的。以下方法可以帮助家长有所作为。

1. 家长情绪稳定，多询问孩子的想法。

2. 家长引导孩子从多角度看到不同的价值，不仅要说，更要做给他看。

3. 深入地询问，引导孩子深度觉察自己的价值观并加以完善。

第二章

张弛有度抓重点促学习

重视孩子的学习是对的，同时学习绝不仅仅是在校的学科学习。父母施以正确的促学方法，能够帮助孩子获得受益一生的学习力。

第一节
与孩子谈考试成绩之“七步法”

每个家长都很关注孩子的考试成绩。如何跟孩子去谈成绩以及谈出效果，是需要家长认真思考并且讲究策略去做的。

每个家长都跟孩子谈过考试成绩，但谈论的效果不一定理想。为什么会出现这种情况？

请思考一下，与孩子谈考试成绩的目的是什么？如何谈能达到目的？你又如何知道达到了目的呢？假如你没有思考过这些问题，那么仅仅是问分数、讲道理，很可能会得到无效的结果。

因此，正确地与孩子谈论考试成绩很重要。所谓正确，就是要达到目标，产生效果，否则就是浪费时间和精力。目标和效果都指向未来，缺乏未来观的教育必然会给未来留下隐患。

现在的孩子学业压力非常大，特别是青春期的孩子。如果不掌握与他们谈话的正确方法，很可能适得其反，导致孩子更加不想学习，甚至严重影响亲子关系。

据21世纪教育研究院发布的《教育蓝皮书：中国教育发展

报告（2018）》显示的结果，学业压力已经成为中小学生自杀的首要原因，从年龄分布上来看，中学生的自杀状况比小学生更为严峻。

在应试教育的社会现实中，太多家庭的亲子关系早已沦为仅靠孩子学习成绩维系的表面和谐。

当然，我们也不必为此忧心忡忡。通过掌握正确的方法，我们可以做到既帮孩子提振学习的士气，又维系良好的亲子感情。父母要做的，不仅仅是让孩子活着，更是让他有尊严、有乐趣、有希望地活着，这样我们才是尽到了父母引领孩子的职责。

与孩子谈成绩的正确打开方式

关于和孩子谈论考试成绩，父母不要因噎废食，因为害怕产生矛盾、处理不当，就不跟孩子谈。关键是怎么谈会有好的效果。

面对这件事，我们先设立一个正确的大方向：既能够教会孩子顺应环境和时代，又能够让孩子增加信心、提升能力，还能够让孩子越过考试成绩，在更高处看到和明白人生中比考试更重要的，是对自己的信任和悦纳，是在一次次经历中学习和创造，体会进取的意义与乐趣。总之，就是在看向未来的宗旨下培养孩子的能力。

这个大方向囊括了“关系、沟通、未来”三个关键词，接下来我们具体落实到谈话目标上，正确的交谈目标有两个层次：

① 了解孩子的学习情况。

② 引导孩子发现不足并提升能力。

无论怎么谈，都要朝着目标迈进。那么，有以下 7 点建议供大家参考，家长朋友可以根据自己孩子的情况选择使用，一次沟通中要把这些都做到是不容易的，可以分几次完成或者看时机顺势做出来：

1. 交谈前先调整好自己的心态，坦然面对

青春期的孩了很敏感，他们渴望被尊重，家长有时阴阳怪气、叽叽歪歪、拐弯抹角、小心翼翼的谈话方式非常容易引起反感。

比如孩子进步了，你说“你是不是瞌睡睡醒了？”“你受啥刺激了？”

若是考得不好，你又说“保持一贯稳定地不好啊！”“你总是很义气地衬托同学们的优秀”。

有的家长明明知道成绩了却装作不知道，还故意问“是不是该发成绩了？”“咋你们还没发成绩呢？老师都太忙了吧。”

也有的家长生怕得罪孩子似的，会问“你愿意跟我说说考试成绩吗？”，孩子要是回答“不愿意”“不可以”就傻眼了，心里又气又不知道说什么。

父母关心孩子的学习成绩是权利也是职责，不需要孩子同意，选择安静的场合，氛围友好尊重，双方都比较平静就可以了。

2. 关注孩子的情绪，挫败要安慰，沮丧要鼓舞，骄傲要提醒

青春期的孩子是有力量的，同时又不那么容易把负面情绪表达出来，这就需要父母多观察、多留心孩子的表现。

家长要理解和接纳孩子的情绪，可以直接问他的感受："是不是因为没考好不开心啊，我们聊会儿？" 有些孩子是不太愿意聊的，那么我们就尊重他。

青春期这个年龄段的孩子是需要时间和空间来学习与情绪相处的，父母要给予孩子这个成长的机会。虽然有些心疼，但是要忍住，不要一有风吹草动就伸手。无论孩子考好考差，父母对待他的态度始终如一，不会因成绩的高低而有所改变，如此他就会有安全感，就能专注地跟自己的内心在一起，情绪也会慢慢平复下来，家长等孩子平静之后再与其交谈即可。

3. 让孩子先说他自己的看法

家长要营造把考试前后的心情和看法当八卦分享的轻松氛围。引导孩子的方向有很多，但是孩子到底在哪个点需要引导，有时我们可能并不清楚。

而轻松的聊天氛围可以帮我们发现需要引导的部分。可能有些孩子非常成熟，家长找不到可以引导的部分，此时就肯定他有思想，这样孩子既感受到轻松，也收到一份鼓励。

4. 引导孩子看到更多，而不仅仅是考试

可以和孩子一起了解更多关于考试的信息，比如老师怎么看待这次考试及成绩，同学是什么情况，考题难不难等。这一点很重要，相当于扩展大脑网络。在了解自身情况的前提下看到别人的情况，并兼顾环境以及变化，这是思维的格局。从这个角度看考试成绩才有高度，有意义。

考试过后，我一般都会去了解女儿的排名，告诉她分数不是孤立的，假如某次考试的题目很难，分数低却排名靠前，说明你的实力还是很强。如果分数很高，可能是因为题目简单，遇到大考估分就容易出现失误，所以从名次的情况来预估分数是比较靠谱的。女儿倒是比我更进一步，她还会关注名次在她前面和后面的同学的得分，来估计自己下次排名的变化。

有一次她考了班上第一，第二名只比她少两分。女儿分析原因是同学英语考得不好，而自己数学考得不好。比较起来，自己数学的进步空间更大，所以预计同样努力的话，下次考试她和同学应该会拉开更多分数的差距。这样，女儿就更有劲头提升数学成绩。分析能力的培养对于孩子找重点抓关键很重要，将来在求学和工作中都能用得上。

5. 在肯定的前提下探讨可提升的部分，帮助孩子学会自我肯定

有些孩子考了很不错的分数，但是仍然不满意，这一点往往来自平时父母对其严苛的要求。有时父母无意中的表态就会让孩子收到这个信息。比如他考了 88 分回来，你说还有 2 分就上 90 分了；比如他选择题错了一道，你说这道题对了就全对了。

这个要求说起来简单，要实现可是太难了。

试想如果没有97分做基础，难道只拿3分就可以了吗？肯定不是。有时我们貌似在肯定孩子：你考了97分真好，要是再有3分的进步就更好了。如果你是这个孩子，你听到了什么？

或许父母的否定是在不经意间表露的，但总是被父母否定，孩子就习得了自我否定，无论取得什么成功都不会感到喜悦，总是在找自己的毛病，片刻不得安宁。父母实事求是的肯定会让孩子对自己的长处有信心，也感到安心。在97分的高台上起跳，而不是从0分起跳去够100分，这是极大的差别。

6. 与孩子一起明确提升的重点，达到聚焦的效果

如果孩子某一科的分数不理想，必然是出现了漏洞。问问孩子知不知道问题出在哪儿，是概念、计算，还是读题理解或者其他什么问题，是否知道如何弥补，是否需要提升某种学习能力，等等。如果孩子不知道，家长也可以询问科任老师的意见，再跟孩子的情况来比对。

虽然学习是孩子的事，但家长不能漠不关心。孩子自己能冲我们就在后面加油鼓劲，关键是要让他瞄准目标，把力量聚焦起来用巧劲儿。很多父母一味强调学习要用功、勤奋，但具体怎么用功、怎么勤奋却没有告诉孩子，对孩子的要求就是早上要早早起床，晚上晚点睡觉，看起来很使劲，却少有奏效的方法。

7. 与孩子就考试的意义达成一致，引导孩子重视考试的价值

与孩子交谈之后小结一下，有助于孩子接受正面的引导。

很多孩子反感考试，仔细深究一下，其实不是反感考试，而是不喜欢失败和被负面评价。就这一点来说，我们需要引导孩子改变对考试的看法，纠正排斥考试的心态，否则无法帮助孩子在应试教育下有好的表现。

我曾经引导一个孩子处理考试紧张的症状。那个孩子一到考试前就非常紧张，会有不受控的身体反应。虽然我可以帮他缓解症状，可是回到家里父母对他考试的要求没有改变，他的紧张症状还会再次发作。直到父母和他自己从内心改变了对考试的态度，他紧张的症状才真的有所改善。

考试本身是相对公平的筛选和测试，最基本的功能就是评定学生某一方面当下的水平。如果不考试，就无法清楚地了解实际情况。考试可以帮助学生明确自己的优势和不足，找到未来改善的方向。家长引导孩子理性、冷静地看待考试成绩，并运用考评结果帮助自己找到问题所在，做好查漏补缺，才能在每一次考试之后不断进步。

所以在没有更好选择的前提下，盲目排斥和反感考试是不明智的，等于拒绝了一个能提供很多客观信息的工具，其实它完全可以成为一个帮助孩子更加优秀的朋友。

特别提示

家长与孩子沟通考试成绩时，可以选择使用的七个步骤：

1. 交谈前先调整好自己的心态，坦然面对。

2. 关注孩子的情绪，挫败要安慰，沮丧要鼓舞，骄傲要提醒。

3. 让孩子先说他自己的看法。

4. 引导孩子看到更多，而不仅仅是考试。

5. 在肯定的前提下探讨可提升的部分，帮助孩子学会自我肯定。

6. 与孩子一起明确提升的重点，达到聚焦的效果。

7. 与孩子就考试的意义达成一致，引导孩子重视考试的价值。

第二节
大考来临，家长如何帮助孩子减缓紧张情绪？

> 孩子面对考试会紧张，是因为他想要考取好成绩。过度的紧张会干扰孩子的正常发挥，家长要帮助孩子调至适当的紧张，因为这样会利于孩子更充分地聚焦考试。

很多家长朋友会向我提出一些现实的问题，比如随着中考和高考临近，孩子情绪变得不稳定，出现一些紧张的表现，比如容易烦躁、饮食不佳、睡眠不好、丢三落四、悲观沮丧，等等。如果过度紧张，肯定会对复习和考试带来负面影响，特别容易影响孩子在考场上的表现，造成发挥失常，留下后悔和遗憾。所以家长也跟着忧心，不知怎样能帮到孩子，急需一些良策来应对。

正确看待问题是有效处理问题的先决条件

首先，我们需要搞清楚紧张情绪是怎么来的，考试之前难道就不能不紧张吗？很多家长不明白，跟孩子说了不要紧张，为什么他还是会紧张呢？

关于这个问题，我们需要了解三体脑的相关知识。在我们的大脑中，有一个脑区叫边缘系统，是专门管理情绪感觉的地方，也叫作情绪脑。由此可见，情绪的出现是大脑的基本功能，是不可能被去除的，那些认为学了心理学就应该没有情绪的想法是一种误解。

情绪感觉对人很重要，能促使其关注内心真实的需求。当情绪脑过于活跃的时候，就会影响到理性思考的脑区——皮质脑的功能，皮质脑的功能被干扰，就不能正常发挥分析、筛选、处理信息的功能，同时逻辑思维能力和语言表达能力也会明显下降，而这些能力是孩子学习、考试时最需要用到的。所以，过于紧张时，大脑无法启动正常的思考、逻辑能力，考试就容易发挥失常。

我曾经遇到过这样一个案例，有个 11 岁的女孩对我说："面对考试，我就是害怕。""就是"的意思是她努力了，尝试了各种办法，都脱不开这个害怕。

这源于之前有一次她考得不好，妈妈打了她。这让她有了一份不太好的身体体验。显然，在当时她是有情绪的，所以之后每当面对考试她的情绪脑就会被启动，继而干扰皮质脑的功能正常发挥，她越是害怕就越是考不好。

情绪是一种感觉，没有好坏与对错，更没有逻辑可寻，它不受皮质脑管理，所以父母跟孩子讲道理，说"你不用紧张""你尽力了就好"这一类的话是很难有效果的，搞不好孩子可能更紧张。

这份紧张的情绪是从哪儿来的呢？从本体能量学的角度来看，情绪是神经系统受到信息的刺激产生反常规波动，进而引起身体变化，并且有一些身体反应被我们感知到。这些刺激神经系统的信息，可能来自外界，也可能来自内在。到目前为止，没有任何科学能够解释人的念起那一瞬间是怎么回事，通常认为来自人过往的一些经历，平时在潜意识中隐藏着，当受到外来信号的刺激时，人就有了起心动念。

比如，学校、老师、家长以及整个社会所营造的考试前紧张的氛围，很有可能引起孩子内在的感受和想法，这些感受和想法会怎么变化和流动，取决于他过去的经历体验和当下的环境互动。

这样看起来，紧张不只是一种情绪那么简单，而是很多情绪综合在一起的心理反应。克服紧张，对孩子而言是有难度的，需要家长的理解和正确引导。可以通过调整导致紧张产生的内外环境，转化紧张的情绪能量，达到控制紧张的目的。

导致孩子考试紧张的外部因素和内部因素

外部因素：

1. 父母的情绪模式

对孩子情绪影响最深的就是父母的情绪模式，尤其是母亲的情绪反应，几乎会被孩子完全复制。父亲如何应对情绪，也会给孩子很重要的示范。

2. 父母的家教方式

父母如果对孩子要求比较严格，经常耳提面命、说教批评，孩子的神经系统就会一直处于高度警觉状态，非常敏感，很容易因为一点刺激就紧张起来。

3. 父母错误的沟通方式

父母都是爱孩子、关心孩子的，对孩子的情绪也很重视，但大都不知如何帮助孩子管理情绪，最终导致了错误的沟通方式。父母反复告诉孩子不要紧张只会适得其反。举个例子，我跟你连说三遍不要想老虎，千万不要想老虎，大老虎、小老虎都不要想，你脑子里现在会想什么呢？再比如，很多家长不理解情绪是感觉，用道理跟孩子说你不需要紧张，还告诉他应该怎么做，这些只是在理性层面，压根就没搭上感觉的边儿，当然也就不会有好的效果。

4. 学校、课堂、社会等环境氛围

外部环境是如何造成紧张的呢？主要是通过各种大会小会、老师提醒、模拟考试、作业加倍、媒体报道等营造了一种气氛。为什么会有这种气氛？因为社会各界都重视中考和高考，虽然没有一个人说“快要考试了，好紧张啊！”但是所有信息都在指向“要考试了”“抓紧时间”“考试很重要”，这就跟“不要想

老虎”是一样的，都是不断把孩子的注意力引向考试。全民都在关注，这种情况下很容易让人紧张，孩子们承担的压力的确很大。

不仅如此，除了外部因素，孩子还要承担来自内在的压力，导致考前紧张的主要内部因素有两个：

1. 对考试的态度

孩子本人是怎么看待考试的，比如他曾经的体验是考好了被表扬、被肯定，考差了被惩罚、被批评，那么他就容易把考试跟成功和失败关联，因此有可能极力逃避失败，所以就不想考试，最后连成功的体验机会都放弃了。假如一个孩子即使考得不理想，父母和老师对待他的态度依然温和友善，帮助他分析原因，找到提升点，那么他更能接受考试是个检测学习效果、提升学习能力的工具。如果平时父母经常强调对孩子付出了很多，觉得他应该考个好成绩拿回家，孩子也会倾向于对父母感到内疚、心理压力过大而导致紧张。

2. 对自己的评价

孩子内心如何看待自己，觉得自己有力量吗？有能力吗？有信心面对挑战吗？孩子在成长中，跟周围人、事、物的互动会形成他的内在自我意象。面临中高考的孩子处于青春期中后期阶段，他们对自己的评价已经很明确，自我形象会在面对重大挑战时直接表现出来。家长观察孩子在考前的表现，就大概能知道孩子内心是怎么看待自己的。

针对孩子考前紧张，家长要做哪些事

了解导致孩子考前紧张的原因后，父母可以为孩子做很多事。一些家长把希望寄托于老师、学校或其他人，其实是闲置了最能支持孩子的力量，实在是可惜。身为父母，要对自己有信心，在关键的时候要给力，坚决不做孩子的猪队友。到底怎样做是神助攻，可以帮到孩子呢？

给家长朋友以下几点建议：

1. 保持稳定、乐观的情绪

引导和教育孩子无论做什么事情都要学会享受过程，面对考试，以平静的心态接受检测，这样能学到更多。同时家长此时的情绪最能影响孩子。

2. 心胸开阔，相信孩子

人的一生很长，现代社会发展这么快，更是需要持续的学习来适应当下的时代。孩子正处于不断的成长中，家长可以引导孩子不必急于一时，带着这种心态去努力，更有未来观和目标感。同时不要只盯着眼前的事，而是要放眼未来，迎接成长中不同阶段必经的过程。

3. 语调温和，语言简洁

声音是可以绕过话语内容，直接对潜意识起作用的。温和、柔缓、亲切的语调能帮助起到安抚的作用。很多家长跟孩子说到学习就会提高嗓门、语速加快，听起来就让人焦虑。更重要的是，同样的话题不要反复多次提及，简短说完，跟孩子确认一下是否听清楚就可以。

4. 与孩子充分沟通

（1）理解和接纳情绪

什么是理解和接纳，就是父母在面对孩子的任何情绪时都觉得是合理和正常的。例如，我女儿参加美术院校考试时，有一天晚上回家之后情绪很烦躁，却说不出来，之后把书摔在地上，不停地抓自己的裤子。我很温柔地对她说："妈妈知道你心里难受，你愿意的话想哭就哭吧，不丢脸，妈妈陪着你。"

女儿拼命忍都没忍住，后来尖叫着大哭起来，我搂着她，轻柔地抚摸她的背，只是不断重复说："是的，太难受了，压力很大"，"是的，妈妈知道你很努力，很不容易"，"是的，妈妈理解你"。这时不需要说教谈心，女儿哭爽之后就去睡了，第二天一大早又起来去画画。

参加专业考试期间，她至少这样大哭过两次，作为妈妈，我就是这样温柔地对待她，让她哭，让她发泄，其实孩子很清楚自己该做什么。当孩子第一次面对大的挑战时，肯定需要时间去适应，同时也需要不断地学习适应，无论他做了多少，做得怎样，父母都要做到理解和接纳，这时孩子就会有安全感，于是又可以积蓄力量再次面对。

（2）肯定孩子，引导其面对当下

肯定是什么？就是实事求是，与其一通无效地说教，不如告诉他：紧张是正常反应，任何人面对重要且无法掌控的事情都会紧张。如果你压根不在乎考试，不放在心上，也就不会紧张，对不对？而且紧张有个好处，就是帮助人们把注意力放在重要的事情上，精力反倒不被分散掉，所以适当的紧张是有利于集中力量解决问题的。

当孩子的情绪和动机得到父母肯定，他就容易感到满足，自然会产生向前的动力，这时才能听进去父母的话，而此时也才是引导的好时机。

（3）鼓励孩子，引导其展望未来

鼓励是让孩子有向前的动力。在前两步的基础上，鼓励孩子想办法并去尝试，让他从一个满意的结果倒推回来，看看要想未来能够实现某个结果我们现在应该做什么，具体细节要如何计划安排。

我平时很注重用这个办法鼓励女儿，效果不错。2019 年，我让女儿独立报名艺考。女儿提前做了规划，每个环节都由她自己处理好，顺利地完成了所有报名，我没有给予任何帮助。在这个过程中，家长对做事情思路的指导很重要，同时要让她感觉自己能行，并且有足够的力量去面对。

所以，父母一定要给孩子加油鼓劲，尤其是父亲，更要多鼓励孩子。孩子面对大考时所要经历的过程，对他们来说很不容易。有时，本来孩子要给自己加油鼓劲，结果父母扑上去几句话就给泄了劲，情绪是安静了，不过也没有动力把事情做好了。

5. 保持家庭的良好氛围

一个人想要把事情做好，所处的环境很重要。父母最能掌握的就是家庭环境。保持轻松、幽默、快乐的氛围，对孩子的正面支持很大。不仅是对所面临的大考，即便是对未来的挑战，也是给孩子心里种下了一颗好种子，日后有可能生根发芽，这就是家庭熏陶的力量。

特别提示

父母的情绪模式以及家教和沟通方式会影响孩子大考时的心态，以下五点，可以帮助孩子缓解紧张情绪：

1. 保持稳定、乐观的情绪。

2. 心胸开阔，相信孩子。

3. 语调温和，语言简洁。

4. 与孩子充分沟通：

（1）理解和接纳情绪；（2）肯定孩子，引导其面对当下；（3）鼓励孩子，引导其展望未来。

5. 保持家庭的良好氛围。

第三节

做好三件事，帮助毕业季孩子走好未来之路

从小升初到中高考，对每个孩子来说都是成长的关键转折点。如何帮助孩子顺利度过，父母要在当下、过去、未来三个时间点上去做事。

每年的高考结束之后就是小升初和中考了，进入毕业季的孩子有一个长长的暑假要度过。从小学到初中，再到高中，然后到大学，于每一位青少年都是成长的关键转折点，这期间要面对新的学习内容、学习环境以及学习目标，身心各方面的发展也会发生明显变化。

新的变化很容易带来不安全感的刺激，导致身心状态的显著改变。很多孩子不知道怎么适应，或者适应不良，这时就容易丧失信心，荒废学业，有的则躲到网游中逃避现实。很多家长特别重视孩子进入新学期前的功课预习，却忽略了身心状态的调整，使教育引导不及时、不深入、不到位。

假如家长们能够适时抓住转型期的关键点，对孩子施以合理的教育引导，无疑将帮助孩子在踏上新的学习旅程之后走得

更稳健、更有力。

其实，所有生命个体的发展只有一个方向，就是向着未来，对孩子来讲更是如此，让其赢得更好的未来，父母只要运用好时间线上的三个关键词，做好三件事就可以，这对于孩子在任何阶段的转折之后，走上哪条路有很重要的影响。

这三个关键词是什么呢？围绕这三个关键词父母应该做些什么呢？

关键词一：当下

父母应抓住当下这个关键点，主要对孩子进行情商教育。

情商教育包括对情绪的体验、接纳、解读和转化，这是一个连续的互相循环影响的过程。如果体验不到情绪，或者压抑和抗拒情绪，就做不到接纳，因而无法解读情绪的心理涵义，当然也就不能有效地转化。

大考中，总有孩子金榜题名，也有孩子名落孙山。考好的皆大欢喜，没考好的不知如何面对。特别是对于高考失利的孩子，父母要怎么疏导他的情绪，如何引导他正确对待这件事，帮自己走出迷雾，重建对未来的信心呢？

几年前我处理过这样一个个案。一个女孩高考发挥失常，陪同一起去看分的妈妈不停安慰她说："没关系，咱们实际水平是有的，这次没考好不要紧，你尽力了，再说还可以选择复读，你要对自己有信心，我们不会责怪你的……"妈妈说了一大堆，可是女儿沉默不语，回家就把自己关在房间里不出来，饭也不吃，怎么敲门都不开，也听不到房间里有任何动静。看到这种情况家长着急了，女儿一贯心气很高，怕她万一想不开做点啥事出来，这可如何是好?

这个妈妈找到我要求紧急干预的时候非常焦虑，我引导她先处理自己的情绪，然后给了她建议，告诉她如何帮助女儿走过这段难熬的日子。

悲伤、痛苦、焦虑、失败感、耻辱感这些情绪，总会让人感觉到难受。人们不愿意接受它们，称之为负面情绪，只要感觉它来了就着急地想要消灭它。可是因为情绪来自人的内在，是人内心感受的真实写照。正是因为它，才彰显了人的完整性，所以我们要跟它在一起，勇敢地去体验它、感受它，允许它存在，这样才更有利于处理和转化这些情绪能量。

这位妈妈跟我咨询后，意识到自己太着急了，出于爱，不想让女儿有一点伤心难过，于是不接受女儿的情绪，不断说话干扰她的情绪体验，反而给女儿造成了很大压力，让她觉得父母是不喜欢、不接受她这些情绪的，更增加了不被人理解的孤独感，因此干脆拒绝跟父母交流。

允许孩子有情绪，是父母最难做到的一步，眼睁睁看着却又做不了什么，只能干着急。可是，如果孩子不体验、不感受本人的情绪，就无法认识它，也无法学习到跟情绪相处的本领。这个时候，父母最该做的是管理好自己的情绪，忍住心疼，允许孩子伤心难过。

经过咨询之后，这位妈妈做得就非常有智慧了。她去敲门邀请女儿出来谈谈，女儿不开门，她就站在门外跟女儿说：“妈妈知道你很难过，你那么努力付出，却得到这样的结果，这对你是不公平的。我之前试图想帮你，到现在我才体会到你有多伤心，对不起，妈妈太不理解你了。你可以难过，让妈妈进去陪着你好吗？妈妈也很难过，我们一起难过，可以吗？”

女儿没有回应，妈妈就写下这些话从门缝塞进去，并留了纸条的尾巴在外面，一会儿她观察到门缝下的纸条消失了，然后就又写，大意是妈妈愿意在门外一直陪着你，不会离开，同时非常希望能陪伴你，听你诉说。

后来女儿开门了。

妈妈走进房间，看到窗户是关上的，立马松了一口气。然后她就陪着孩子，什么也没说，女儿开始默默地流泪，妈妈心疼地轻轻抚摸女儿的手和后背，最后轻轻地抱住她说：“孩子，你心里难受就哭出来吧。”女儿逐渐放声大哭，还发出尖叫声，后来女儿挣脱了妈妈的怀抱，把房间里的东西砸了一地。

这期间，妈妈始终保持着冷静，没有阻拦，她心想，只要孩子不伤害自己，一切都是可以接受的。最后女儿砸累了，瘫软在地上，妈妈把被单和枕头拿来让女儿就在地上睡了一觉。

睡了好大一觉之后，女儿起来说饿了，要吃饭。

随后几日，妈妈陪女儿出去散步，买东西，一家三口还出门旅游。旅游回家的路上，女儿对妈妈说：妈妈你去上班吧，不用担心我，我向你保证不会自杀，也不会消沉，我决定去读个普通的大学，好好读书，然后考研。

几年之后，这位妈妈向我报喜，说女儿如愿考上了国外某知名大学的研究生。

回首往事的时候，女儿对妈妈说，在那段受到沉重打击的日子里，妈妈做的最重要的事就是允许她难过，接纳她的痛苦。由此她感到了安全，将心中情绪发泄出来后，才可以平静下来思考未来的出路，化挫折为动力。后来每当她在求学路上感到压力重重的时候，总会想起那段时光。妈妈请假在家照顾她的生活，虽然很担心，但是并没有多说什么，就这么静静地陪伴，给了她很大的空间，让她充分感受到了妈妈的爱，于是又带着希望振作精神去奋斗。

其实，情商教育的基础是爱的教育。对于考试失利的孩子，父母不需要做很多，发自内心地理解和接纳孩子的情绪反应，在安全的前提下允许他释放情绪，有时候只是静静地陪伴就足够了。在孩子情绪完全平复的时候，再跟他交谈，引导孩子表达感受，肯定他的表现，鼓励他勇敢地再去尝试。

对于考试发挥很好的孩子，也要引导其向内思考，总结成功的经验，以便日后能够灵活运用。同时也要思考，假如事实是另一个样子，应该怎么做。另外，要提醒孩子在跟同学交流时保持谦虚友善，不以暂时的成功而自傲，要懂得照顾他人的感受。

以上这些对孩子很重要，能够指导他学会如何保持稳定、良好的情绪状态，从而专注地把该做的事情做好。

关键词二：过去

懂得跟过去好好地告别，从过往中学到该学到的，吸取该吸取的，这也是培养孩子豁达、感恩的好时机。当能够坦然告别过去，才会更加轻松地面对未来。

告别过去的方式有很多种，比如跟孩子一起去拜访老师，表达对老师的感谢；陪孩子挑选礼物送给帮助过他的同学；重新整理房间，清理出不再需要的书本和用具，慢慢并且认真地用心跟这些物品连接，感谢它们充实过自己的生活，帮助过自己曾经的学习和成长。

我陪女儿在小升初之后的暑假里整理过房间。刚开始，她看到有很多要收拾的东西很犯难，后来我跟她一起分类整理，一边收拾一边聊起和这些东西有关的故事，让她感受到这些书本用具就跟无声的良师益友一样，给她带来很多知识和帮助。

整个过程，女儿都感觉很好，而且收拾得很认真。虽然看起来有很多东西，但是很快就整理完了。

看到那一堆不再需要的书本，女儿由衷地说："原来我看过这么多书，做过这么多作业。"

我说："是啊，这还不是全部，只是一部分，看得出你很努力，这些都是证明，你要好好地跟它们告别。"

女儿说："我有点舍不得它们了。"

我说："如果你舍不得它们，一直装着它们，你就会停留在这里而无法前进，也就辜负了这些知识。你应该去学习更多，更好地掌握新的知识和本领，这样它们对你的支持才有意义。”

孩子在这样的交流中，学到了如何告别和放下，如何感恩和珍惜。

关键词三：未来

引导孩子跟他的未来有良好的连接，能够免除孩子对未来不确定性的焦虑和不适应感。新的学业、新的环境、新的师生、新的生活，对一个成长中的孩子来说是有很大挑战的。家长可以帮助孩子提前定位，以便让孩子更好地适应新环境。

家长可以选择一个相对安静，比较适合谈话的，轻松、温馨的环境，在孩子情绪平和的时候跟孩子谈谈。

比如，问问孩子对未来有什么期待和打算，父母也可以聊聊自己在这个年级时的趣事，让孩子有兴趣聚焦这个话题。也可以小结过去的得失，鼓励孩子趁机做新的尝试。

中考的时候，我女儿考得不好，很失落。我跟她一边吃好吃的，一边慢慢地谈心。我告诉她，过去三年既然没有努力，那么这样的结果也是意料之中的，同时也说明未来还有很大的提升空间，女儿对此是认同的。

我们一起探讨了很多人认为的“女生到了高中阶段学习力下降赶不上男生”的观点；我也跟女儿谈了这个时期的青少年在未来三年身心方面可能有什么变化；会遇到跟老师和同学相处的哪些问题；可能还有男孩子喜欢你，也可能你喜欢的人不喜欢你；三年之后你可能会在哪里；这三年的学习对你的未来有什么意义；你会从这三年中学到些什么；将来的大学有哪些可能的选择等等，也包括可以怎样去适应这些变化。

我在向女儿传递完观点后，也引发女儿说了说她对未来的期待和想法，跟她一起分析，可以选择走现实的哪条路等等。我们聊了很多，抓个话题就开聊一番。交谈中我传递的观点女儿不一定都能记住，但是慢慢地我发现她开始明晰自己的想法，而且有了职业理想。女儿进入高中之后成绩好起来也是我意料之中的，只不过没想到她突飞猛进得那么快。

我问她："你怎么突然成绩这么好了？"

女儿很淡定地说："我有目标了，我将来想当插画师，至少得考个专业的大学去学习吧。"

她真的以目标为导向去做了，而且非常有效果。

父母若是用心去体会，就会发现孩子生命的蓬勃发展有无穷的动力，并且远远超越了我们的想象。而父母要做的，只是在恰当的时候去陪伴他，同时给予安全感和鼓励，偶尔帮着加加油，孩子就会使劲往前冲。

考试结束后，无论孩子考得怎么样，我都会从过去、当下、未来入手，和女儿畅聊一番。其实很多爸爸妈妈都希望给予孩子更多支持，那不妨从这三点入手，引导孩子好好地经历当下，告别过去，更好地迈向未来。

过去，当下，未来，我们不断经历着这三个关键词，在仿佛首尾相连的时光里，持续走向新的岁月。

祝福孩子们和他们的未来！

特别提示

家长以人生的时间线为切入点，帮助孩子与当下连接，同过去告别，努力走好未来的路。

1. 当下——主要是对孩子进行情商教育。

2. 过去——跟过去好好告别，从中学到该学到的，吸取该吸取的，这也是培养孩子豁达、感恩的好时机。

3. 未来——引导孩子跟他的未来有良好的连接，免除孩子对未来不确定性的焦虑和不适应感。

第四节
假期该报培训班吗？孩子怎样过假期更有意义？

一般情况下，家长是想着自家孩子能够在假期实现弯道超车。但是理想丰满，现实骨感，家长美好的预期有时不见得能实现，那要如何看待假期对于孩子的意义呢？

家长对于假期的美好期待

很多家长朋友都有这样的困惑：怎样指导孩子度过假期呢？多数情况下家长都会给孩子报名各种培训班，寄希望于利用假期时间实现弯道超车。想让孩子巩固或提升学习，就给报个培优班、精讲班。或者，发展一下兴趣爱好，报名各种乐器、美术、唱歌、表演、播音主持等专业技能班，还有的想报名某种主题的夏令营或冬令营。

问题来了，父母想要孩子去报班，孩子不想去怎么办？父母想给孩子报班，又舍不得孩子受苦怎么办？父母想报这个班，孩子偏想去那个班怎么办？爸爸想要孩子去这个班，妈妈想要孩子去那个班，怎么办？报了一个班，孩子改主意了不想去，怎么办？孩子在某个班学到一半就不去了又怎么办？……诸如此类的问题真是让父母纠结不已，甚至有的家庭为此发生夫妻争吵或亲子冲突，使得假期还没真正开始，家庭氛围却变得紧张起来。

那么，假期应不应该给孩子报培训班呢？孩子究竟怎样度过假期更有意义呢？

家长们当然希望过完一个假期之后，孩子能变得更加优秀，这种想法无可厚非。但仅仅有良好的动机是不够的，我们还需要考虑清楚其他的相关问题。因为任何一件事情的结果，并不是由某个单一的因素决定的。看问题要更全面一些，避免执着于片面的想法，而忽略了其他可能影响效果的因素。

首先，我们来思考一个最基本的问题，假期是用来干什么的？为什么要有假期？

众所周知，文武之道，一张一弛，弦绷得太紧会断掉。经过了一个学期的紧张学习，学校的老师们需要休息，孩子们同样也需要休息。

很多家长觉得别人家的孩子休息，我的孩子就不要休息了。趁这个机会，再努把力，加点油，他才能赶超其他孩子。这样无论是成绩还是技能不是就都提上去了吗？现在的社会竞争这么激烈，不付出更多怎么行呢？

这个想法固然是好的，但家长未必能得到期望的结果。休息这个词，最早来自古人所说的“休养生息”，意思就是土地经过播种、耕种和收获，需要空置一些时间，用来施肥和培育营养，以期来年能够保持肥沃，滋养庄稼生长。大自然以四季更迭告诉了人们这个道理，让我们懂得事物发展有起伏，有始终，而不是一成不变、居高不下，否则土地越来越贫瘠，收成就会越来越不好。孩子的学习成长也是同样的道理。

其次，父母心疼孩子，并不想孩子那么辛苦，可是又担心孩子放假玩疯了，把学习丢得太远，开学捡不起来，或者假期太放松，以至于生活没有规律，没有节制，所以想报个班起到一个约束孩子、帮着收心的作用。也有的父母想给孩子报名兴趣班或夏令营，希望孩子发展兴趣爱好，不仅可以培养多种能力，也能多交些朋友，生活多些趣味。

这些想法都非常好，也是有可能达到的，但是需要家长合理地去做安排，不要违背科学、盲目行事。

有这样一则新闻，深圳一名8岁男孩，暑假被父母强行安排各种各样的兴趣班，因为压力过大，导致肾脏器官衰竭，年龄永远被定格在8岁。在生命的最后一刻，他对妈妈说：“妈妈我好累，我想睡觉，休息一会儿。”

科学看待孩子身体的节律才能科学地利用假期

在这方面本体能量学能够给父母一些科学的参考。

1. 意愿是最基础、最重要的动力

意愿，就是想不想去做某件事。意愿度，就是想做某件事的程度有多强。只有想做才会主动做，只有想做好才会认真做。如果孩子是迫于父母的压力而去做事，哪怕本来是一件好事，可能也会让孩子感到厌恶。他会敷衍了事、应付过关，最后演变成猫捉老鼠的游戏。

并且，当孩子不情愿去做事时，会造成他大脑神经系统的压力，使其产生情绪压抑，而这些不能表达的压抑，很可能被某一件小事激发出来，导致亲子之间的激烈冲突，如果孩子一直没有机会表达并缓解情绪，就会造成让很多父母更为头疼的拖延。

相当多的孩子做事拖延，跟内心不情愿去做，以及对父母有愤怒而不得表达的压抑有关。

2. 持续的压力会妨碍孩子的高级思维发展

人的生存第一需求是安全感。大脑工作的能量分配是有优先次序的，它会优先照顾安全感，其次是情绪，然后才是支持学习的逻辑思维等功能。如果孩子感到压力、不愉快，就会消耗很多大脑的能力，能关照到学习的能力肯定就少，学习起来必然会很吃力，容易出现听不懂、学不会、丢三落四、反复出错等问题。

如果父母不能理解，还持续给孩子施压，他的大脑思维会受到抑制，往往有坐不住、走神、健忘、烦躁易怒、不想说话等表现。

由此，本来好好的兴趣班可能变成受刑班，即使是参加夏令营活动，如果孩子本身不愿意去，在没兴趣又做不好的情况下，也会给他造成压力。特别是有些父母一厢情愿地报些有冒险内容的夏令营拓展活动，以为会让孩子更勇敢、更自信，搞不好就会吓到孩子，或因为任务失败给孩子造成创伤。

这样的案例并不少见。曾经有对父母，给 8 岁的儿子报了某个所谓培养逆商的夏令营，在参与夏令营项目的过程中，这个孩子非常害怕，不但项目没有完成，后来还出现了尿失禁、极度恐高、梦魇等症状。面对活动给孩子造成的心理创伤，父母后悔不已。

所以，父母选择报班千万不可凭一时兴起，而应该详细地了解活动内容，综合考虑孩子的年龄、行为能力以及心理水平，还需考查活动主办方的专业度，等等。

3. 交替任务使大脑得到充分休息

什么是交替任务呢？就是使用不同脑区来完成的活动。比如，一小时看书，一小时打球，这两项活动需要大脑转换功能才可以达成，如此一来，大脑得到了充分休息，继续看书头脑会更清醒，效率更高。

但是一小时看书、一小时做作业或者一小时背英语这类的活动，实际上是运用了大脑中同一脑区的功能，会使人感觉很疲倦。

掌握了这个规律，父母就可以运用多种类、多层次任务内容，合理安排孩子的假期生活，如此一来，大脑会收到更加丰富的数据信息，在不同时间筛选不同信息，并且匹配不同功能来完成任务，相当于锻炼了大脑的多种能力，这样的学习会令孩子的大脑更加聪明。

家长这样做，帮孩子过一个有意义的假期

关于假期规划，我有三个建议给大家：

1. 尊重意愿，发起平等的沟通交流

家长要相信每个孩子都希望自己更好，孩子的每一种想法背后都有其需求。父母与孩子沟通的时候，要使沟通氛围充满爱和信任，先询问孩子的想法，以及为什么有这些想法，要怎样将这些想法实现得更有价值。

同时，父母也可以陪伴孩子展望假期之后的未来，引导他明白每一天都是自己的人生必经之路，如何让度过的每一天快乐而有意义，是需要自己安排的，而不是坐等快乐找上门。快乐并不是什么事情都不做或者做一些滑稽搞笑的事，这样获得的快乐很短暂，即便笑过之后也会感觉空虚无聊。真正的快乐是从自己做的事情中收获价值，这个价值可能来自对别人有帮助，也可能来自对自己有意义，这样即使累也会收获快乐和自信。

更重要的是，在平等尊重的氛围里，孩子可以做很多事情，不仅能够接受父母传递的积极价值观，还愿意主动思考。

2. 跟孩子一起定目标，做计划

有时，孩子有主动的意愿和态度，并不等同于他能够安排好假期计划，这个能力是需要学习的，在这方面很多家长对孩子缺乏指导。

父母要多跟孩子聊聊他喜欢什么，假期过完希望自己有哪些变化，想要参加哪些活动，包括具体玩些什么，可以做哪些事情，先逐条列出来，然后看时间安排是否合理，把过多的活动删掉或作为备用，留下意愿度高的，与目标相关度比较大的，最后列出时间安排。

同时，家长要提醒孩子留出充分的准备时间，避免匆匆忙忙、流于形式。过程中要允许孩子改变主意，用其他方式达到目标。不管怎样，父母要跟孩子一起面对可能发生的变化，有目标、有条理地去应对，也是培养孩子灵活思维的好时机。

我在跟女儿的互动中也是这样做的。某一次，女儿跟我提出要跟朋友去香港看演出，我听到后有些担心，因为那段时间香港治安状况不太好。但是女儿说很想去，而且已经跟朋友约好了。当时我并没有直接拒绝女儿的想法，而是提出我关心的安全问题，比如住宿、行程路线、如何跟朋友在深圳汇合，如何保障出行期间的安全。

女儿告诉我她已经提前做好了出行攻略，这样我就知道她不是心血来潮出门乱窜。在了解情况做出评估后，我同意了女儿的想法。女儿这一趟单独出门，基本上自己处理了所有的问题，而且完成得很好。这个过程锻炼了孩子的思维和处事能力，让她多了一次体验成长的机会。

3. 主动增加孩子喜欢的家庭活动，增进亲子感情

孩子的成长需要学习，更需要爱的滋养。每个假期都是父母增进亲子感情的好时机。亲子感情是亲子关系的基石，而亲子关系的质量直接影响教育效果。

2019 年的暑假，女儿提出要去顺德吃最正宗的广式早茶，我同意了。后天她又改变主意要去上海参加某咖啡店的主题活动。我问她为什么要改变原来的计划？有什么好处？她告诉我之后，我觉得她有自己的想法和主见，于是同意了。

到了上海之后，我本以为她会对迪士尼乐园感兴趣，实则不然。她提出想去看动漫展，我就陪她一起，聊她热爱的美术和未来的留学计划，这些都是在很愉快的交谈中就完成了。过程中女儿很开心，也让我有机会更加了解她，更加了解这个年龄段的孩子。

其实假期的过法有很多种，每一种都可以让孩子得到学习和成长，最重要的就是父母要牢牢把住亲子关系的方向盘，给予孩子尊重、爱、支持。在这样的亲子关系基础上，孩子度过一个有意义的假期就不是问题了。

特别提示

假期既要过得轻松，也要过得有意义。父母可以和孩子平等交流，共同协商，找到双方都乐意接受的方式。

1. 尊重意愿，发起平等的沟通交流。在平等尊重的氛围里，孩子可以做很多事情，不仅能够接受父母

传递的积极价值观，还愿意主动思考。

2. 跟孩子一起定目标，做计划。培养孩子定目标、做计划的能力，通过逐条梳理，让孩子找到自己喜欢的活动和项目。

3. 主动增加孩子喜欢的家庭活动，增进亲子感情。在此期间让孩子感受爱的滋养。

第五节
利用学科特点 提升孩子的学习兴趣

每门学科都有其特点，如果家长朋友能抓住孩子对各个学科的兴趣点对其引导，就能引领孩子更好地学习成长。

学习是家长普遍最关心的问题。许多家长会不自觉地把孩子的成长与学习等同起来，其思考逻辑是学习不好就意味着孩子的成长出现了重大问题，是将来考大学、求职的最大隐患。

学习并不等同于成长

学习和成长对于孩子非常重要。这两者之间有很多紧密的关联，以至于家长常常把这两者等同起来，但事实上学习与成长是不同的。

从概念上来说，学习主要是指从阅读、听讲、研习、实践、测试中获得知识和技能，大部分情况下它特指孩子在学校的文化课学习。

一个孩子从小学到高中毕业，需要经历12年的在校学习。孩子在这12年中获取了大量的学科知识，是人生中非常重要的、不会再有的集中学习阶段。从这个角度来说，家长重视孩子的学习是非常正确的，同时我们要思考，学习到这些知识和技能就等于成长了吗?

成长，对于个体来说，是他的身体、思维和心智逐渐摆脱稚嫩、走向成熟的过程。这个过程中不仅包括学习，还包括孩子在沟通表达、情绪情感、人际关系、认知思维、志趣爱好等方面的发展。

学习作为孩子在成长阶段花费时间和投入精力最多的事情，实际上在很多细节上都反映出了孩子成长的状况。例如没有学习动力、跟同学相处不好、排斥某个老师、考试焦虑、不想参加集体活动、迷恋游戏中的英雄人物、追星、早恋等，这些现象背后都反映出了孩子成长的心理需求。假如家长们只盯着孩子的学习成绩，忽略了运用这些学习期间发生的大事小情来促进孩子的成长，就等于错过了最佳的人格塑造和能力培养期，孩子的未来发展后劲就会大大减分，这实在是太可惜了!

兴趣引导学习动力

我们经常说兴趣是最好的老师。越是年龄小的孩子，做事越凭兴趣，这是由人的心理发展规律决定的。到目前为止，没有任何一项科学研究能够说明，到底是什么引发了最初的兴趣。

年龄比较小的孩子（6 岁之前），他们身心的运作依靠感觉，依赖于兴趣引发行为。随着年龄不断增长，孩子的心理需求呈现多元化和立体化。不仅外界的因素可以引发其兴趣，内在的运作也能够让他产生做事的兴趣，即通过主动观察、思考、分析、推理等，产生内在的兴趣动力，从而促使孩子主动积极地行动。

孩子进入学校之后，其学习的兴趣点主要跟老师授课的水平及他与老师之间的关系有关。他若觉得某个老师课讲得好，同时又喜欢这个老师，通常有可能对这门学科感兴趣，也会把这门课学得比较好，反之，就是另一番景象了。相信从学生时代走过的家长朋友对此有深切体会。

当孩子从小学升入初中之后，一下增加了很多学科。如此一来，学习压力陡然增大，有很多孩子都感到不适应。

紧接着到了高中，每个高中生都会面临的学科深度和升学压力，随时都在挤压着孩子原本就局促的学习兴趣空间。于是无处释放和排解的情绪导致出现厌学的现象，家长对此也是忧心忡忡。

前面提到，孩子在校 12 年，其学习与成长密切相关，这两者的关联是什么呢？对于孩子来说，学习并不是学习本身，它是一种途径、一个空间、一场体验，孩子在不同学科中获得认识世界的不同视角和思维；在听讲、考试和完成作业中，认识自己的身、心、脑是如何工作的，怎样整合优化三者提升自己；在与老师和同学的互动中，学会沟通表达、换位思考、体谅他人、捍卫自我等人际技能；在参加各种校内外活动中，发现世界的丰富，汲取各个领域的资讯，并探索和展示自己的才华……这是孩子迈向高等学府或社会之前的预演，是各种知识和能力的储备及发展，非常需要家长耐心地引导和陪伴。

在学习期间，孩子所经历的每一件事，内心的每一种情绪体验或思想变化，都可能是促进良性成长的契机。有一次我跟已上高中的女儿探讨她的学习时，发现有清晰的学习目标、不忙于改错而是思考自己思维的错漏、合理的时间节奏，是她能够始终位于前列的优势所在，同时她也意识到自己的自信心还需加强。在另一次跟女儿谈论学习历史有什么用的时候，她谈到了工业革命提升了女性的社会地位，进而我们谈论了未来社会中女性的人生价值，由此女儿更坚定了自立自强的信念。这些探讨都是在日常的聊天中进行的，很自然，很轻松，孩子也很愿意思考和听取我的意见。

其实，我们可以把学习当作促进孩子成长的动力。但如果家长仅仅强调学习的重要性，强调更多学习时间的投入或学习习惯的养成，甚至对分数和排名有苛刻的要求，而不能给予孩子成长方面的支持，就无法深入孩了的内心满足他的成长需求，反而增加了孩子的成长压力，导致他疲于应对，最终心力消耗过大，慢慢对学习失去了兴趣，对自己丧失了信心。

从案例中看兴趣的重要性

针对以上这些情况，我们需要了解青少年的发展特征和生活特点，很多时候，这两者是不同步的。为什么呢？

初中时代，是青少年人生观初步形成的时期，到了高中阶段，他们的世界观逐步形成，进而对自己的人生和所存在的世界有了更深入的思考。

进入青春期，孩子的思维和身心发展有了质的飞跃，青少年的逻辑思维能力跟成人相当，甚至更强，但是其简短的成长经历和单纯的生活阅历，令他们在思考问题的时候，没有充足的材料资源做支持。道听途说的信息可能来自网络、同伴、偶然观察等渠道，碎片化且片面化。这些信息经过孩子强大的思维网络思考之后，往往得出片面、单一，甚而偏颇的结论。

比如，在我做高中老师的时候，有一个喜欢音乐、不爱学习的学生问过我这样的问题："老师，周杰伦就没读多少书，照样当歌星，唱片大卖，这样看来，读书不也没什么用？"

我对他说："的确是，他没读多少书但还是能当歌星，像他这样的成功特例有多少呢？更多的人是高中毕业之后，去打工都找不到好工作。你不是没有可能成为第二个周杰伦，但可能性有多大，你自己评估一下呢？你肯定知道周杰伦从小就弹钢琴，并且非常勤奋地练琴，虽然他没读多少书，但是为了梦想一直很努力，而且付出了很多。假如你也想成为周杰伦那样的人，你像他一样有真正的梦想并为之付出努力了吗？如果没有，成功的可能性是不是要大大减小？"

我的这番话让这个学生想了很多，他后来告诉我说自己喜欢美术，想去考美术大学，所以决定每个周末去参加美术班的培训。当找到自己真正的兴趣，并且为之付出和努力，目标自然而然就会达到，最后他如愿考上了某院校的美术系。

还有一次，我在大学讲音乐鉴赏课，那是第一天上课，我问学生们喜欢什么样的音乐。有学生站起来说："我们就是来混学分的，你随便讲讲就好，音乐又不能帮我在毕业后找到工作。"

我说："是啊，音乐是没有办法直接帮你找到工作，但是如果不懂聆听就不会沟通；不懂合作就搞不好人际关系；不懂情绪表达就得不到女孩子的芳心……"我举了很多实例来说明音乐与生活的关系。学生们听后兴致大起，后来学校不得不增开第二班次来满足学生的要求，这就是找到兴趣点所带来的学习动力。

这样的例子还不少。我女儿在初中的时候，很不爱学习，她曾经借用一个笑话对我说："学数学干什么，我去菜市场买菜难道要用到函数吗？"

我说："买菜当然不用函数，但是管理运营好菜市场就要用到函数。从思维层次来讲，层次高的人必然向下兼容层次低的人，就好像设计游戏的人赚钱，玩游戏的人花钱一样。越是把复杂的事情简单化，背后越需要更高的能力。而数学，最能够培养思维的逻辑性，它能说明事物之间到底有什么关联。"

很遗憾我本人数学不好，所以无法跟女儿描述出更多有关数学的学科魅力，但是这番话让她若有所思。

女儿在整个初中时期，个人目标感和自信心比较弱，再加上学校管理过于严苛，她对学习这件事一直都很抗拒。但是，我从来没有破坏过学习这件事对于她的价值和意义，这一点非常重要。到了高中，当女儿有了生活目标，发现了学习的必要性，于是开始主动学习，令我没有想到的是，女儿的学习成绩提升飞快。

我女儿在上高中时和我的一次“畅聊”给我留下了很深的印象。那次我俩说到社会的进步，提到不同时代学科的发展。我讲道：“我高中时的历史老师特别厉害，上课就带一支粉笔，同一时期世界上哪个国家哪个方面发生了哪些事情，如数家珍。我太佩服他的时间点整合能力了。我们那时候，学历史的难点就是同一时间点的横向比较。”

女儿说：“我们现在和你们那时不同，我们是把不同性质的点放在一起，分析它们之间的关联。比如工业革命对女性地位的影响。”

我说：“天啊！也太难了吧，这个怎么答啊？”

女儿淡定地给我讲解：“工业革命大大提高了生产力。与以往主要凭男性的力气来劳动不同，先进机器简单易用，女性也可以操作。由于女性细腻灵巧，她们在操作机器上达到了与男性不相上下的水平，进而获得升职加薪和进一步学习的机会，使得女性更多地参与到社会劳动中来。特别是受教育程度的提高，使她们参与重大事件的机会增加，获得更大话语权，女性的地位由此逐步提升，从而也带动了更多女性的觉醒……”

女儿侃侃而谈，跟我聊了很多，我听得津津有味，时至今日我还能记得这么多。

在这之后，我又跟她进一步谈论了当今社会女性地位如何；有哪些方面的代表；未来可能会如何发展；你作为女性，认为女性与男性的地位平等体现在什么地方；是否能够实现真正的公平；如果能，怎样是公平的……我们又延展聊了其他话题。在这个过程中，女儿的思想深度令我惊叹，我也给了她不同的角度做参考。女儿感觉特别愉快，对历史有了更大的兴趣，后来她几门文科的成绩一直都很不错。

家长结合自身优势引导孩子的学习兴趣

我的学识有限，以上仅从自己的角度举例给大家参考。家长可以运用自己的专业长处和社会阅历，结合孩子的学科特点，引导他深入地看待问题，这种培养无疑是意义深远的。

家长朋友在不同的行业领域有非常丰富的经验，有区别于其他人不同的认识，这些不同的视角和体验都可以提供给孩子做参考，帮助他更深入地理解什么是学习，学习有什么意义，对未来有哪些价值，并且引导他看到学习过程中的趣味。如果孩子能连接并感受到这些趣味，加上老师和家长的支持与培养，他们的好奇心就会发展为探索精神，促使其对世界上的人、事、物进行深入的了解和思考，这不仅能成为学习某一学科的动力，也有利于培养孩子的思维能力和正确的价值观。

人类对于世界的探索一直没有停下脚步，所以才发展并细分出很多学科。一门学科的确立需要大量观察、提出假设、深入研究、反复验证、继承发扬等诸多环节。所以每一门学科，都汇集着很多优秀前辈智慧的结晶，他们从不同的角度看待和诠释世界，给后人留下了宝贵的财富和继续探索的依据。

从语文这门学科看这个世界，是风花雪月、瑰丽想象；从数学这门学科了解这个世界，是逻辑演绎、精准关联；物理告诉人们现象背后的规律和道理；化学从精微的角度解释了世界的构成……家长可以邀请孩子来谈谈，他觉得这些学科从什么角度来探索和研究世界，以及给了人们什么样的智慧启示。

家长朋友现在是否对在校期间的学科学习有了不同的感受？它们是面向孩子敞开的一扇扇窗户，帮助孩子从不同的角度认识这个丰富多彩的世界。你准备好陪同孩子一起去看这个多彩的世界了吗？还是只准许孩子的眼睛盯着面前冰冷的文字和书本？什么样的学习是真正能激发兴趣，引起持续动力的？家长丰富的人生经验这时要派上用场了！

特别提示

家长期待孩子在德、智、体、美、劳各个方面有所发展，也想提升孩子各个学科的综合能力，可以从以下三个方面入手：

1. 家长要了解学习并不直接等同于成长，孩子的成长关乎多个层面和角度。

2. 孩子的兴趣引导其学习动力，家长需要知道提升孩子的动力从哪里入手。

3. 家长应结合自身优势引导孩子的学习兴趣，并充分利用其丰富的人生阅历和经验给予孩子更多角度的开导。

第三章

向内看，与情绪和解

全世界的人都知道情绪与成功人生的关系。懂情绪管理的父母不仅教育更轻松，并且能够为孩子的未来人生奠定重要的基础。

第一节
青春期孩子的情绪动荡，父母如何应对？

孩子进入青春期，其生理和心理（情绪）都会发生很大的变化。父母需要了解情绪的基本常识，才能有效帮助孩子度过动荡的青春期。

青春期的孩子存在情绪多变的现象：刚刚还兴高采烈，一会儿又晴转多云，变化之快简直让人头疼。很多父母对此并不了解，在他们还没有做好迎接孩子青春期的准备时，孩子的情绪浪潮就扑面而来，这时双方很容易发生争吵。其实，青春期孩子的情绪问题是很常见的，家长们有必要了解这方面的知识，如此才能解决问题，使亲子关系更加稳定并得到良性而有序的发展。

正确认识情绪

正确地看待问题，是解决问题的前提。家长需要从以下两个方面做好知识储备。

学习关于情绪的基本常识

认识情绪对人类非常重要。心理学的很多流派对情绪都有不同的研究和见解。有一组现代医学的研究数据表明，人类的疾病至少70%以上与情绪有关，在某些具体疾病的发病概率上，达到甚至超过了83%。

本体能量学认为，对情绪的研究离不开人体的生理基础。人的大脑和内脏活动以及行为反应，都受到来自神经系统的控制和影响。情绪，是人的神经系统受"念"的刺激，由此产生超过正常的工作节律，并达到了被人所感知到的程度的一种身心状态。

以上本体能量学的观点主要包括两方面的含义：

① 情绪跟人的念有关，它会影响到神经系统的活动。

② 人在有情绪的时候，受神经系统的影响，身体会有反应，当这种反应达到一定强度，人就能感觉到情绪。

所以，我们要理解情绪不是一个虚幻的存在，人的身体感受与情绪是同步的。特别是当人感觉负面情绪很强烈的时候，身体也会真切感到由此而带来的难受，这份难受反过来会影响人的思维、语言和行为等等。

了解青春期孩子的情绪变化

孩子进入青春期后会常常出现情绪混乱。特别是在青少年早期，会更频繁地出现情绪高峰和情绪低谷。为什么会这样呢?

这个时期，青少年体内激素的水平会发生显著变化。除此之外，诸如学习压力、饮食方式、家庭关系和社会关系等环境体验，对青少年的影响也非常大。也就是说，进入青春期，青少年的内在和外界都在发生变化，适应这些频繁而显著的变化对于青少年本身就是一份巨大的压力。

由此，青少年要面对的困难和挑战是：

① 对自己是否有足够的认识和了解，从而在内心真正地接纳自己。在现实生活中，青少年是缺乏这一课的。

② 整合纷乱的内心，使之与外界和谐。假如做不到这一点，青少年就会在与自己的关系和与外界的关系上表现得十分纠结。比如他会感到自卑、易怒、自我怀疑，对人生和活着的意义感到困惑，对外界不满但是说不出来为什么不满，这时家长和老师就成为他宣泄情绪的对象。

③ 引起青少年情绪压力的事件往往来自升学、性体验、恋爱关系、同伴关系、家庭关系等等。对于这些问题，孩子并不是天生就会处理，实际情况是孩子需要有人引导而不得，尝试自己处理又笨手笨脚。与此同时，父母却认为是孩子出现了负面问题，于是青少年与父母的关系变得剑拔弩张。对于这一点，相信很多父母都有感触。

当青少年面对情绪方面的困难和挑战时，父母的处理方法往往会出现偏差，由于他们对青少年的成长缺乏基本科学的理论认识，容易把很多正常现象看成是必须要解决的问题，甚至当成是孩子的缺点来对待，导致亲子冲突频发。

有这样一个案例，一个平时成绩不错的高一孩子考试发挥失常，回家之后情绪低落，不说话。看到这种情况，父母很着急，害怕孩子一蹶不振，就对他又是表扬又是鼓励，可是孩子一直不回应。紧跟着父母多次发起沟通，希望跟孩子谈谈，得到的回应仍然是拒绝沟通。之后父母开始气急败坏地数落孩子，孩子非常愤怒地跑回房间锁上门，不出门，也不去上学。父母想不到解决的办法，赶紧来找我。

其实这个问题很简单，孩子考得不好情绪低落是正常现象。青春期的孩子在成长过程中遇到某些问题需要学着自己去面对，当时的情况或许他并不想沟通，这时父母要给予孩子空间。一味打扰会让孩子感觉不胜其烦，冲突在所难免。

这对父母咨询结束后回到家，通过从门缝给孩子塞纸条，以及诚恳地道歉和有效的沟通，使得孩子有所改变，从自己的房间出来吃饭了。父母坚持给孩子写纸条，向孩子表示理解和尊重，还表示当他需要的时候愿意随时支持。此时孩子并没有回应，之后又过了两三天，孩子自己要求去上学。

我告知父母这时要沉住气，保持正常的生活交流即可，不需要跟孩子多说什么。又过了一个星期，父母感受到孩子的情绪恢复平静。从父母开始正向和孩子互动，到最后孩子恢复平静，整个过程很快，很有效。这种做法的核心要义就是父母给予孩子理解和尊重，让他自己从失败中体会和学习，同时父母顺势而为，不需要使多大劲就能有很好的效果。

你看，家长掌握引导青春期孩子必要的常识和技巧是多么重要！在遇到孩子情绪起伏很大的情况下，父母应该具体怎么做呢？

正确处理情绪

我给家长朋友两方面的建议，一方面是帮助自己，一方面是引导孩子。

首先，父母要处理好自己的情绪

① 处理好自己的情绪是引导孩子的基础。你很难想象一个情绪很坏的家长如何教孩子处理好情绪，对不对？

② 从本体能量学的研究来看，情绪波动太大会影响人的大脑的正常工作，导致分析思考、组织策划、语言表达等方面的能力水平下降，当父母处于这种情况下，很难稳妥、周全地处理孩子的情绪问题。

③ 从更深层来说，父母的情绪模式对孩子影响很大。尤其是母亲的情绪模式，会直接复制给孩子，假如母亲很焦虑、情绪又多变，是没有办法培养出淡定从容的孩子的。

同时，孩子从父亲那里会学习到待人处事的态度，如果父亲烦躁易怒、消极自卑，孩子面对和处理问题的态度也会跟其很像。从这个角度来讲，父母修正和提升自己的情绪模式非常重要。

然后，引导孩子的情绪

1. 接纳孩子的情绪

接纳的意思是我允许你可以是这样的。父母必须要了解有关青少年情绪问题的常识，比如青少年早期情绪变化会比其他时候更剧烈，有时情绪的强度跟引发这些情绪的事件是不相称的，再比如青春期女孩的抑郁情绪会更加频繁等等。

这些都是孩子身心发展过程中的正常现象，如同小树慢慢发芽、长叶、开花、结果一样，就是这么自然。如果家长不了解孩子的成长规律，难免对其拔苗助长、胡作非为。尽管行为出于爱和关心，但是往往效果违背初衷。这方面很多家长深有体会。有的家长不断寻求各种方法，试图搞掉孩子身上的负面情绪，其结果就如试图踩自己的影子一样，不仅永远追不上，还累得半死。关键是很多时候会伤害到孩子，而且事后家长内心也会感到懊悔。

本体能量学的研究可以告诉你，任何情绪，只要你不干预，过段时间就会自动缓解。当然这并不是让父母放任孩子的情绪不管，而是要接受情绪的来去有个时间过程，父母需要怀着平和的心去接纳孩子的情绪，给他时间。这样往往比急不可耐地干涉，孩子平复得更快，更安全。而且，如果你干涉的方法不对，孩子的情绪波动可能更大。

2. 尊重孩子有不沟通的权利

当孩子有情绪时，如果父母充分接纳孩子，孩子是能够平复的。但此时引发其情绪的外部事件和内在信念还没有得到调整和处理，对此父母是可以做些工作的。

首先父母要给孩子在其中学习的机会，过多的询问和打扰会让孩子反感，反而不利于处理情绪。

假如你不确定孩子是否有情绪，可以问问孩子“我看到你有些情绪是吗？”“你想跟妈妈说说吗？”“告诉我，让爸爸听听是怎么回事？”等等。这些问话意味着你向孩子发出一个邀请，就好比入室前的敲门，我不知道你愿不愿意开门，但是我敲门给你提示，让你来选择开不开门，这相当于给了孩子一份尊重。

我用这样的方式处理过很多次我女儿的情绪。她多数时候会说“我不想说”，这时我告诉她：“好的，等你想说的时候再说吧。”之后我就在一旁等待和观察。她在情绪好起来后会告诉我发生了什么，以及她自己是如何看待、如何应对的，之后我们会就这个问题展开聊聊，聊天的过程中我会肯定并帮助她整理其中的得失。

3. 引导孩子处理情绪

关于引导——有三个关键词：接纳、体验和思考。首先，父母引导孩子接纳自己的情绪，告诉孩子有情绪是正常的，是人都会有情绪，不必大惊小怪。父母可以采用和孩子沟通的方式，也可以先不和他交流，让孩子先跟自己的情绪待一会儿，感受这份情绪是什么，这个体验对于孩子认识情绪非常重要。当孩子体会到自己的感受是怎样的，再去交流：他是怎么看这份情绪以及是怎么发生的？是因为什么产生的？将来怎么做会更好？

我女儿曾经跟班主任老师发生过争吵，当她平复下来，我问她："你觉得跟老师吵起来的真正原因是什么呢？"

女儿想了想说："当时我觉得他那么急躁，说话又快又凶，老是打断我说话，我就生气了。现在我觉得是因为老师当时的样子很像我爸爸，我爸就是不听我解释，劈头盖脸先说我一顿。"

我故意拉长了语调说："哎呀，你的班主任好可怜呀，无意中像你爸爸就躺枪了。"

这时女儿不好意思地笑了，意识到自己的不当之处。后来她主动帮班主任老师做事，表示了歉意，老师也非常大度地没有计较。之后我又和女儿感慨了一番，说这个老师多么有心胸啊之类的，女儿从中学到了很多。

综上所述，青春期孩子的情绪貌似暴风骤雨，但处理起来并不困难。无论父母是否知道和理解孩子情绪背后的原因，首先要做的是接纳，允许孩子可以有情绪，待他平复了再与其交谈。不谈对错，只是引导他思考其中的原因和得失，策划未来怎样改善。孩子的某些情绪甚至不需要父母的引导，平复下来之后自然就好了。正常情况下，随着年龄的增长，青少年的情绪会慢慢趋于稳定。

特别提示

遇到孩子情绪起伏，家长应首先处理好自己的情绪，然后再面对孩子的情绪：

1. 接纳孩子的情绪。父母需要怀着平和的心去接纳孩子的情绪，给他时间，孩子会平复得更快。

2. 尊重孩子有不沟通的权利。父母要给孩子在情绪中学习的机会，过多的询问和打扰会让孩子反感，反而不利于处理情绪。

3. 引导孩子处理情绪。首先父母引导孩子接纳自己的情绪，告诉孩子有情绪是正常的，在接纳之后再去体验和思考。

第二节

筑就高情商的成功人生，须培养孩子的情绪胜任力

情绪胜任力与人生的成功密切相关。家长可以针对青少年的情绪进行有效地教育和引导，帮助孩子提高情绪胜任力。

青少年的情绪问题令很多家长头疼，不仅因为情绪问题不好处理，更重要的在于情绪模式是情商水平的基础，它与人生的成功密切相关。心理学研究普遍认为，影响人生成功的因素很复杂，但情商的影响尤为明显。

当然，要求青春期的孩子具有高情商是不合理的，但是对青少年进行有效的情绪方面的教育引导，对孩子未来事业、社交、情感、家庭等方面有非常重要的支持作用。所以，父母们未雨绸缪，特别是抓住孩子的青春期最后一站做工作，就显得十分必要和重要了。

何为情绪胜任力

情绪胜任力，是指个体熟知自身情绪特点，并在与他人相

处或压力情景中有效管理个人情绪的能力。它主要包括以下几个方面：

① 意识到情绪表达对人际关系具有重要作用。比如，青春期孩子逐渐知道经常向朋友发怒会影响友谊。

② 通过减少消极情绪的强度以及持续时间等自我调节策略，适应性地应对消极情绪。比如，人会通过离开或者做别的事情转移注意力，来缓解情绪。

③ 理解内在情绪状态不一定与外在的表情一致。随着青少年日益成熟，他们开始理解自己的情绪表达可能会影响别人，并且在表达自我的时候会考虑到这种影响。比如，他们知道即便一个人感到愤怒，也可以管理自己的情绪表达，使自己看起来不那么愤怒。

④ 意识到自己的情绪状态，而不被其击溃。比如，青少年能区分悲伤和焦虑有什么不同，并且专注于应对这些情绪，而不是被情绪击溃。

⑤ 能够觉察他人的情绪。比如，青春期的孩子能察觉到他人有情绪，以及具体是什么情绪。

在情绪处理方面，青少年自身也是有所发展的，比如在青少年期，个体可能会逐渐意识到自己的情绪周期。在表达自己的情绪方面，青少年同样会变得更有技巧，开始意识到在社会关系中掩饰情绪的重要性。他也可能意识到，以建设性的方式沟通情绪对于改善关系质量来说是重要的。

培养孩子管理情绪的能力

随着年龄的增长，青少年认知能力和意识的提升使他们能更有效地应对压力和情绪波动，但也有部分青少年并不能有效管理自己的情绪。

其实，良好的情绪管理模式越小培养越好，但现实情况是父母只有在遇到教育无效、亲子关系很糟糕这样的情况时，才想起来学习和寻求科学的方法。

对于孩子需要学习的情绪管理这一课，家长要如何教好呢?

首先父母要管理好自己的情绪，这是最基础也是最重要的，这里我们主要讲述父母培养孩子这个部分。

1. 感受孩子的感受

我在工作中感到最普遍、最关键同时情况最糟糕的，是父母和孩子之间天然的爱因为种种原因没有连通，使得对方无法感知。

在处理一些貌似复杂、严重的亲子关系个案时，我在父母和孩子那里分别听到的是两种事实，让人很难相信他们在描述同一件事、同一个关系，搞得我常常怀疑自己是不是分裂了。比如，妈妈觉得女儿很乖巧，很听话，但女儿却对妈妈很蔑视，很愤怒；再比如有的父亲觉得儿子特别优秀，特别阳光，但其实儿子的内心却已然濒临崩溃。这听起来是不是有点匪夷所思。

父母若不关注孩子的感受，只是盲目地追求教育的方法和技术，根本就是一场好心干不了好事的胡作非为。我这么说的原因是，感受是生而为人的基本心理活动，也是人与人之间最真实、最牢固的纽带。家长不了解孩子的感受就好比射击前不瞄准靶子，威力越大的武器，危害就越大。

我总是不厌其烦地强调感受，因为它是关系的最基本元素。只要你能拿捏到孩子的感受，就能做到有的放矢。

记得我父亲刚去世不久，有一天我坐在沙发上忍不住哭了。这时女儿放学回来看到我这样，就愣住了，因为她几乎没有见过妈妈流泪，她走过来站在我旁边一言不发。我当时就感受到女儿又着急又害怕，不知道妈妈这是怎么了，不敢问也不敢离开，手足无措地僵在那里。这时候我就告诉她："妈妈想外公了，很难过，哭一会儿就没事了，你让我自己待着就好。"

女儿听我这样说一言不发地走开了，她走开的时候我仿佛听到她舒了一口气，放松了很多。

处理孩子的问题，第一步要了解孩子的感受，这样解决问题事半功倍，父母一定要切记。

2. 谈论孩子的感受

关于这一点有什么好处呢？一方面帮助孩子认知自己的情绪，第二能够引导孩子准确表达自己的情绪，第三当孩子感到父母那么懂自己的情绪，就会感觉安全和被理解，对增进亲子感情尤其有好处。

那么，该如何谈论感受呢？父母最能把天聊死的一句话就是问孩子“你有什么感受”。很多父母跟我说：“是您说要跟孩子多谈感受，可是我一问他有什么感受，孩子就说‘没什么感受’呢！”你想想看，在谈话前没有任何前提和铺垫，冷不丁突然问孩子一句“你有什么感受”。你自己感觉一下，如果有人这么问你，是不是一时间你也不知从何说起，还有点尴尬，没法谈也不好谈，是不是？

跟青少年谈论情绪，更多地要深入到情绪包裹着的需求、想法和信念当中去，要避免笼而统之、泛泛而谈。无论是什么话题都可以拿来聊，而且是非常自然的事，比如孩子讲到在学校里令他有情绪的一件事，你尝试靠近他的感受，可以说：“当时老师不听你辩解，你觉得这样不受尊重，所以很愤怒是不是？”孩子就会感受你的说法，他可能回答“不是”。这时你可以继续问他：“那你当时是怎么想的呢？”如果他回答“是”，你可以继续深入：“对啊，如果老师能多听你说几句，可能你会舒服很多，是不是？”这样的交流是不是就很自然？

父母通过这种聊天式的描述和澄清，可以帮助孩子慢慢把内心的情绪勾画和表达出来。在这个过程中父母一定要做到中立和尊重，因为情绪是没有对错的，不要一上来就教育孩子，立马评判他，说“你不应该生气”；或者轻描淡写地说“这有什么嘛，你不要计较就是了”。如果你想让孩子一辈子都不跟你说话，这样讲就能达到目的。

3. 引导孩子换位感受

有效的换位思考，其前提一定是换位感受，有效的思考是建立在真实的感受上的。你感受不到别人的感受，那么你的思考就会离别人相去甚远。

对儿童和青少年进行感受引导是非常有效的。我女儿小学时写了一篇作文，文中对她的同学有贬低性的用词，当时我母亲检查女儿的作业，发现了这个问题就让她改，她坚决不改，女儿振振有词，说："老师就是这样讲的！"

婆孙俩僵持不下，我母亲作为一个退休的语文老师气得直喘粗气，感到非常挫败。

这个时候我回家了，拿过作文本，让女儿站在我的对面，让她假装自己就是作文当中写到的那位同学，然后我就把作文念给她听，念完之后女儿说："妈妈，我听了之后感觉的确很不舒服。"

过后她自动就去把作文修改了。

说得直白些，换位感受就是把自己当别人。家长经常引导孩子换位感受，能帮助青少年弥补思维上的偏颇和疏漏，帮助他们更全面、更完整地看待问题，以此提升他们的思维能力和情绪控制能力。

4. 引导孩子正确处理感受

正确处理有两层含义，其一是恰当表达，其二是恰当表达基础上的反思和处理。所谓恰当表达就是可以表达情绪，但是不要把有情绪当作攻击和伤害对方的理由。

可能很多孩子从小脾气急起来就发火、摔东西、大哭大闹，很多家长对此感到棘手，觉得这孩子脾气怎么这么坏。说来还真的不能怪孩子，是家长没有教过孩子正确表达情绪的方式。在这方面父母必须要清醒而有力，让孩子懂得情绪表达的分寸和界限。

我女儿在成长的过程中，也会对我发火、吵闹、不耐烦，这个时候我会温和而坚定地告诉她："妈妈知道你有情绪，因为……（这里描述一下我对她心情的理解），可是你这样对我说话我会感到难过，你冷静一会儿再来跟我说吧。"

然后我就转身离开跟她说话的地方。

通常过一会儿她冷静下来，会来跟我说："对不起！妈妈。"

这个时候我会更加温柔地对她说："妈妈接受你的道歉，妈妈也理解你。以后，情绪不好的时候先不要急着说话，冷静一下再说，好吗？"

这时女儿就会点头，然后我会抱抱她，让她感到妈妈确实没有生气，而是真的接纳她、理解她，这样她就会感到安慰和安全。

在恰当表达之后，家长需要引导孩子冷静下来，思考自己为什么会有情绪，再想想应该怎么处理。

这个时候，孩子会非常愿意听到父母的意见，因为他确实不知道该怎么办，父母的引导不一定是标准，可以由此鼓励他想更多办法，比如可以问他："除此之外你觉得还可以怎么表达呢？""怎么说也许效果会更好呢？"

孩子和家长在这样的氛围中沟通，怎么可能会效果不好呢？很多家长朋友一再强调孩子很叛逆，无法沟通，其实叛逆只是说明孩子有力量，并不代表他不愿意接受对自己更好的建议。关键是当时的氛围是否能够促使孩子敞开心扉来接受意见，这非常考验父母是否能够始终保持冷静和包容的态度。

特别提示

良好的情绪管理模式越小培养越好，那么父母做些什么能提高孩子的情绪管理能力呢？

第一，感受孩子的感受。父母若是不关注孩子的感受，只是盲目地追求教育的方法和技术，其效果往往背道而驰。

第二，谈论孩子的感受。帮助他认知自己的情绪，同时引导其准确表达自己的情绪。当孩子感到父母懂自己的情绪，就会感觉安全和被理解，这对增进亲子感情尤其有好处。

第三，引导孩子换位感受。帮助他更全面、更完整地看待问题，以此可以更好地提升其思维能力和情绪控制能力。

第四、引导孩子正确处理感受。其一是引导他恰当表达，然后是帮助他冷静下来更充分地思考。

第三节
不再咆哮！父母自我情绪管理黄金三招

家长朋友都知道吼孩子不好，并不能真正解决问题，但就是控制不住自己的情绪，事后还后悔。当家长开始在自身找问题时，这个困扰也就到了迎刃而解的时候。

人们都明白情绪管理对人生的成功是多么重要，同时也确实有很多人不知道怎么管理自己的情绪。

不少家长反映说：“罗老师，我真心觉得您说得很对，很多时候我知道该怎么做，但是看到孩子那个样子就气不打一处来，想控制自己还控制不了，发作之后又后悔。老是这样反复却解决不了问题，也伤害了孩子，就像被施了魔咒一样，为什么我管不住自己呢？我应该怎么做才能有所改善呢？”

的确是这样，我工作中接触过很多家长，他们的工作能力、思维能力都不错，很明白应该怎么做，关键就是总在自己的情绪问题上卡住。这就好像在冰面上开车，使劲踩刹车反而更打滑，更无法控制车身。父母到底应该怎么做才能不让糟糕的情绪影响教育效果呢?

要想管理好自我情绪还是需要一些技巧的。

父母为何控制不住向孩子发火?

发火，是内心的愤怒情绪向外释放，化作攻击性的语言和行为表达出来。现实生活中，我们发火，把愤怒释放出来通常要满足两个条件:

① 感到对方做了伤害我的事情，而我又不愿意接受这个局面，所以内心就调集愤怒，产生力量，把对方推开。

② 愤怒向外释放是战斗模式，人的潜意识在评估自己的实力高过对方的时候，就会选择战斗，否则会选择逃跑躲避。比如，你在外面跟别人发生不愉快，如果对方是人高马大、孔武有力、气势汹汹的样子，那么你评估双方力量对比，考虑应对的措施就会慎重得多；在哪种情况下你想都不会想就开启正面冲突？肯定是对方实力完全无法跟你抗衡的时候，对不对?

所以，在什么时候我们会释放愤怒，发动攻击，简单来说就是两句话，“你伤害我了”“我打得过你”。这两句话几乎不由人的理智做出分析判断，而是由人的潜意识飞快地做出决定，本人不会察觉自己的内在完成了这样的工作。

愤怒背后的深层解析

本体能量学认为，当人在情绪波动很激烈的时候，理性就无法发挥应有的作用，人们就会感觉陷入情绪，控制不住言行，做出事后会后悔的事情来。因此，尽管父母很爱自己的孩子，但是情绪当头会控制不住，并没有要伤害孩子的动机。

从这一点来说，父母不需要过于自责和懊悔，相反，要理解自己的反应，接纳自己的局限，只有这样才更容易平静下来，让理性智慧发挥应有的作用。当我们冷静之后，要弄清楚这两点：

① 某件事孩子没做好或者犯了错，表现得不能让父母感到满意，是孩子有意要伤害父母吗？当然不是，那么父母为什么会感觉像受到伤害一样呢？因为父母曾经也是孩子，在成长的过程中遭遇过被父母否定、打击甚至羞辱殴打这样的对待，使他们的内心留下了这些感受的痕迹，慢慢养成了遇到类似的事情就感觉受到伤害一样的反应模式。

父母虽然是成年人，但是面对自己最爱的孩子，会下意识地期待孩子满足自己的感受和安慰。可是孩子还小，不懂事，不知道该怎么做。一旦不如父母的意，父母就感觉到受伤，跟着就掉入过去的反应模式，愤怒不自觉地就冒出来了。

有一位妈妈，小时候写作业时遭到过暴力对待。现在每当面对自己的孩子写作业时，就会无来由地感到愤怒。当然这个愤怒不是针对孩子，可是孩子却无辜躺枪了。有一次，这位妈妈没有控制住自己，拿起旁边的鸡毛掸子打孩子，由于用力过猛，把鸡毛掸子都抽断了。可想而知，这个孩子当时有多么无助和恐惧，并且还要承受身体上的疼痛。

孩子只看到父母现在如何对待他，并不知道父母过往经历了些什么，同时也担不起为父母疗伤和满足父母需求的责任。父母如果觉得孩子应该做到其希望的那样，如此才舒服，那么就是在让孩子为父母的过去买单，这对孩子的人生是非常不公平的。在这方面，父母一定要好好学习成长，不然父母变成小孩，要孩子去照顾其情绪，这样孩子自己的成长就没办法完成。

在这一点上，父母必须纠正错误的期待，要非常明确孩子没有责任和义务让父母满意，父母要看到每个生命都是不同的，并且孩子只是孩子，他还在成长，还需要学习，而且绝对不是完美的，所以他有这样那样的问题是正常的。

② 父母对孩子大吼大叫、发泄情绪，是因为在孩子面前，父母感觉太安全了。有谁敢对上司拍桌子瞪眼睛，对重要的客户大发雷霆，对最好的朋友大声咒骂，对一个地痞流氓高声喊叫？作为成年人，我们很清楚这样做的后果可能是什么。反过来，如果有人这样对待你，你的感受又是如何？你会采取什么措施呢？

在实际生活中，父母对孩子发脾气有什么后果吗？我想说到这里，很多父母已经有所醒悟。很多时候，我们以爱为名消耗着世上最珍贵的亲情却浑然不知。

在工作中，我收到很多父母对孩子的抱怨，抱怨孩子冷漠无情，不懂感恩，也许父母未曾体会，最初孩子对父母那份依恋、信赖、尊崇，是从什么时候开始渐渐消散的。

以上两点，是父母处理和管理好自己情绪的基础。强行压制不是办法，因为终会爆发，只有面对自己真实的内心，真正转变心态，才会令表达的方式产生质的不同。

自我情绪管理黄金三招

在教育孩子的过程中，父母难免会遇到火气上头的时候，这时应该怎么办呢？接下来跟大家分享父母自我情绪管理的黄金三招。

1. 现场抽离

意思就是立刻截停能量向负面情绪的飞快流动。比如转移注意力，或者站起来离开现场。这是起效最快的一招，也是最容易做到的一招。

曾经有位妈妈就用这招很好地处理了自己当时的情绪。她在辅导儿子作业的时候，效果不佳，妈妈的情绪就渐渐上来了，张口吼了孩子两句。当她发现孩子流露出害怕的神情时，意识到自己这样不对，可是心里非常愤怒，几乎不可抑制，她就对儿子说："我离开一下，你自己先做。"

然后她走到离儿子最远的房间，关上门大声尖叫，发泄了愤怒之后，就感到好了很多。

也有的朋友使用转移注意力的方式来抽离，比如把视线从孩子身上移开；站起来去喝口水；听一下门外是不是有声音；看看窗外走过的人。这样过一会儿，就能平复一些愤怒。

2. 延迟表达

这是减少情绪带来不良后果的最简便的方法。这种方法的核心就是不要在有情绪的时候沟通，一定要养成想想再说话的习惯。有时父母知道了孩子的一些事情，很生气，这时不要急着去批评指责，这样表面上好像是在教育孩子，其实更多的是在发泄愤怒，往往会让孩子害怕或者产生反感，使得教育效果完全与初衷背道而驰。

当父母没和孩子在一起，但又感到很生气时，不要急着去面对孩子。先找个安静的地方坐下来，调整一下呼吸，想一想自己是否完全了解情况，考虑下这件事的问题出在哪儿，孩子的错误是什么，教育孩子的目标是什么，做些什么能使效果更好而不是更糟糕，这些思考能够将事情定位得更清楚。父母不忙着对孩子进行教育，而是先想好要怎么讲，这对于缓解情绪非常有帮助。

有句外国名言这样说："当你愤怒的时候，说每句话之前请将舌头在嘴里先转三圈。"意思就是不要急着表达，切勿被一时的情绪所干扰，再激烈的情绪如果给予时间都能缓和下来。

刚才提到的那位尖叫的妈妈，自己在另一个房间释放之后，出来对感到困惑和害怕的孩子说："我刚才很生气，可是我不能因为生气就粗暴地对待你。请你原谅我，我们重新再去看这道题好吗？"

儿子听到妈妈这样说放松了很多，含泪点头，然后将注意力投入到学习，一场眼看着要演化为暴风骤雨的母子大战就这样春风化雨了。

3. 换位感受

这一招是改变情绪反应模式，达到沟通效果最好用的一招。说的是父母将自己放在孩子的位置上去感受他当下的感受：假如我是孩子，这时候我需要父母做什么？怎么做我是愿意接受的？

那个尖叫的妈妈在发泄情绪的过程中，想起来小时候父亲对自己的学习严厉管教的画面，意识到现在对儿子的愤怒是自己成长创伤的再现。她很庆幸当时没有对儿子发作，也因此体会到儿子的恐惧和无措。在心里感到羞愧和心疼的同时，她问自己："如果我是儿子，此时希望妈妈怎么做呢？"她在这个思考中拿回了妈妈的身份，跟儿子道歉，再次耐心地给他讲解，这次儿子竟然听懂了。

后来这位妈妈在跟我反馈这件事的时候非常感慨，说从中学习到很多。

其实，孩子的问题就是父母的镜子，父母的态度也反映出自己成长中的内心感受。对父母来说，教育孩子是一个自己重新成长的契机，孩子并不是刺激我们的根源，而是帮我们看清自己的盟友。假如父母能这样理解和看待自己的情绪反应，也就能够从中冷静下来，发挥成年人的智慧，真正帮助到孩子，这个过程也是感受爱、传递爱的过程。

特别提示

以下三点能有效帮助家长缓解激动的情绪：

1. 现场抽离。比如转移注意力，或者站起来离开现场，这是起效最快的一招，也是最容易做到的一招。

2. 延迟表达。不要在有情绪的时候沟通，一定要养成想想再说话的习惯。

3. 换位感受。父母将自己放在孩子的位置上去感受他当下的感受：假如我是孩子，这时候我需要父母做什么？怎么做我是愿意接受的？

第四节
青少年抑郁症的家庭诱因，父母必知！

> 面对日益严重的青少年抑郁现象，家长只有未雨绸缪，多了解这方面的知识，才不至于临时抱佛脚，才能在孩子需要的时候给予孩子温暖而有力的支持。

目前青少年抑郁的现象越来越严重，家长们纷纷对自己的教育方式进行了深刻反思和追问，不禁惊呼：“我竟然不知道原来孩子当时的表现是抑郁了。”想起孩子当时经历的痛苦，家长非常后悔自己的不当管教和错误应对。

还有家长发来抑郁症测试问卷，问我可不可以给孩子测一测，好及时发现孩子的问题，以便可以早点处理。

家长迫切忧虑的心情我非常理解，但也不要矫枉过正，更不要如临大敌般搞出紧张的气氛，这样反而容易适得其反。假如你满脑子想的都是抑郁症，哪还有时间和精力考虑其他呢，对不对？

抑郁情绪和轻微抑郁症的各种表现

很多孩子都出现过不同程度的抑郁情绪和轻微的抑郁症表现，比如躺在床上什么也不想做，哪儿也不想去；不想学习，不做作业，不停打游戏，入睡很迟，白天睡不醒，起床后还很困；没有目标，做事没动力，不知道自己要什么，好像对什么都不感兴趣；很少跟父母交流，父母主动问话也是寥寥数语，没什么可谈的；饮食没规律，吃饭没胃口，有时吃一点就会呕吐，有时又吃很多；情绪无来由地低落，郁郁寡欢，时不时感到烦躁，看什么都不顺眼；对自己过度贬低，对自己的外貌、身高、体型、皮肤、穿着……统统都不满意，又不做些事情去改善；经常宅在家里，不想去学校，不愿社交，像一个可以任人摆布的木偶……

以上这些表现在家长的提问中经常出现，父母普遍认为这是孩子成长中出现的问题，因此必须予以纠正。然而，家长用尽方法却没有起色，有的孩子稍好一阵子又故态复萌，用一个家长的话说就好像烂泥扶不上墙，反复跟孩子沟通，想办法让他改变，但就是没效果。这让很多家长感到头疼，不知道怎么办才好。

事实上，孩子出现的这些行为表现的确需要干预，不能放任自流。但家长所做的大都是在跟问题的表面现象搏斗，如同扬汤止沸，而没有深入问题的本质釜底抽薪。

其实，家长对此不必过于忧虑，因为每个人都可能是抑郁症的易感体，只是程度不同而已。孩子处在成长发展的过程中，心智和思维尚不成熟，容易受到来自环境的一些刺激和困扰，所以家长要多关心孩子的心理状况。最高明的治疗，是在病还没到来时进行防治，而不是亡羊补牢，这样更有利于孩子的身心健康发展，家长应对起来也更加轻松。家长自身的不断学习进步是应对孩子成长问题的最有效保障。

从两个方面看青少年抑郁症

有关青少年抑郁症，家长需要了解的两个重点是：

① 抑郁症最初由一些抑郁情绪发展而来。家长如果平时多关心孩子，多跟孩子交流，家教方式又得当的话，及早防治并不困难。即使患上抑郁症，虽然康复的时间一般需要一到两年，但是预后的效果也是很好的。

② 每个人的性格中都有感染抑郁的因素，只是程度不同。而性格形成的成长环境，普遍被认为是除了遗传因素之外患抑郁症最主要的原因。换句话说，家庭环境是培育孩子性格的土壤，也是抑郁情绪和抑郁症滋生的温床。因此，改善家庭环境是最有效、最根本的应对方法。

影响青少年成长的家庭因素

影响一个人成长的家庭因素有很多，也很复杂，这里介绍三个最重要的家庭因素。家长朋友可以从中对照反思，找到问题的根源，并进行调整改善。

1. 父母自身的心理状况

在青少年抑郁症的案例中，孩子貌似莫名其妙的抑郁其实与父母的心理状况有很大关联。父母的情绪反应模式对孩子的影响很大，尤其是母亲的情绪模式会直接复制给孩子。父母的人格和心理状态会在家庭中形成无形的心理环境，孩子在其中成长，怎能会不受影响？更何况孩子天生就关注父母，渴望得到父母的爱，天性中也会下意识地去承担父母的心理负担。

在我处理过的青少年个案中，孩子的表现表面看起来好像跟家庭里的事情不相关，事实上孩子就像一面特殊的镜子，能精准地把父母无形的内心世界映照出来。

曾经有位母亲带孩子来找我咨询。这个孩子 16 岁，读高一，男孩，在省重点中学读书，名列全年级前几名，家庭条件很好，父母关系和谐。近半年以来，男孩不明原因地剧烈头痛，上课打瞌睡，在家睡不醒，房间里乱七八糟不想收拾，不正常吃饭却不停吃零食，半年里体重暴涨 50 斤，还有时突然发脾气，砸家里的东西。男孩的爷爷、奶奶都是资深医生，给孙子做了各种检查，却查不出器质性病变，无奈母亲领孩子来做心理咨询。

咨询中我得知，男孩父亲是国企高管，长期出差，他由母亲一手带大，跟母亲感情很深。一年多以前，男孩的外公出车祸突然去世，外婆在一个月之内也跟着去世，母亲深受打击，陷入消沉和恍惚。父亲由于工作忙碌，对母亲疏于关心和陪伴。虽然表面上生活还在持续，但是母亲郁郁寡欢，情绪木然，相比之前也不大说话。对此男孩的内心深处对母亲很不放心，怕母亲经受不住打击，怕失去母亲，同时也承担着母亲深深的悲伤和无法表达的压抑。于是男孩就出现了种种症状，好让自己可以不去学校，有机会在家里守着母亲。对于这些内心深处的心理活动，当事人并不能在意识层面给予合理的解读，所以也就无法理解自己的所作所为。

经过心理辅导，一个月之后男孩的饮食起居恢复正常，并主动要求去上学。同时，我建议孩子的母亲进行心理疏导和听课学习，来改善自己的身心状态。但是，她只来过一次就不再来，拒绝面对自己的问题，说只要儿子能去学校就行，其他的都无所谓。这种貌似随遇而安的态度，其实是在回避自己的责任。这位母亲以各种理由拒绝继续咨询和学习，基于这种情况，我只得中止了个案，同时提醒她儿子的抑郁可能会复发。果不其然，半年之后男孩又不去上学了，那位母亲慌忙给我打电话，要求带儿子来咨询，但是她自己还是不愿意接受心理辅导。

像这种只在结果上下功夫，而不去追根溯源的无用功，最终会耽误了孩子。既然家长这么坚持，我只能很遗憾地拒绝了这个个案。

在我的工作中，这样的个案并不少见，它很有代表性。那个男孩非常聪明，谈吐举止有礼貌、有思想，让我感觉很可惜，也很痛心。

家长朋友不妨把自己放在孩子的位置上想一想，假如你的父母整日痛苦忧伤，你如何能没心没肺地只专注于自己的工作？很多孩子的抑郁表面看起来像是不良生活习惯甚至是性格缺陷，可是背后却是对父母深深的爱，为父母承担着作为孩子承担不了的痛苦。可惜很多父母却读不懂，从而给孩子和自己造成太多遗憾。

很多家长不想面对自己的问题，没有勇气做出改变，只是不停地围绕着孩子做各种事情，毫无节制地释放自己的焦虑。殊不知，正是家长的问题和孩子对父母的爱，才是孩子堕入抑郁的根源。

2. 父母的关系造成的家庭氛围

相信家长朋友在生活中有过这种经历和观察：假如夫妻之间长期感情不和，经常争吵打闹，或者貌合神离，这个家庭的氛围肯定不会好。

许多父母误以为夫妻两人关起门来闹矛盾，不让孩子知道，就不会影响到孩子。可是感情不是靠说话和表演来表达的，人都有一颗心，心里都有感受，特别是未成年的孩子，他比成年人更加需要关爱和稳定的生活环境。从心理层面来说，孩子的心灵雷达一直开着，并且每时每刻都在工作，它随时都在扫描家里的微妙变化。

有一对夫妻经常吵架，他们以为孩子小、不懂事，长大之后会忘记父母之间的吵架，不会给孩子带来什么影响。某一天，夫妻两人又吵起来，吵完之后，妻子去照看孩子，发现3岁多的孩子已经睡着了。妻子想，刚才孩子玩得挺欢实，又蹦又跳，而且刚睡完午觉起来，怎么这么快又睡着了呢？这个妻子想到前几次她和丈夫吵架，也出现了这样的情况，孩子在玩得特别兴奋且不缺觉的时候睡着了。后来这位妻子经过学习之后，明白了：孩子哪里是真的困啊！只是面对父母的吵架，无力改变又特别难受，只能让自己睡着来逃避那个让他感觉并不舒服的家庭氛围。

另外在孩子看来，如果父母吵架了，两人却故意避而不谈，还装作什么事都没发生似的，那么吵架就是不能谈并且是不好的事情，他也就配合父母假装什么也不知道。甚至有些夫妻不避讳孩子就大吵大闹，孩子只想家里有一日宁静就不错了，哪里还敢跟父母谈更多感受和需求？

我接手这么多个案，无论孩子年龄多大，没有一个不知道父母关系本质的。有的孩子能猜到父母已经离婚；有的孩子搞不清楚家里发生了什么，只是感觉很紧张、很困惑，却又无处排解和倾诉，导致情绪低落、压抑，这些都是容易引发抑郁的因素。

作为家长要明白，夫妻感情的确是两个人的事，但是夫妻关系是家庭的核心关系，孩子也是家庭成员，他对家庭里发生的事不可能无动于衷。所以父母对孩子最好的爱就是彼此相爱，如果做不到这一点，夫妻双方可以友好分手，友善相处。最糟糕的就是彼此冷漠，不尊重对方，这样即使勉强维持婚姻关系，也会给孩子造成很大的压力，若是孩子心灵不堪重负，就会发展出很多其他症状。

所以抑郁情绪或抑郁症是结果，不是原因，我们不要本末倒置，把精力都用在了结果上而忽略了根源。

3. 对孩子的不当教育方式

如果平时父母对孩子家教严格、不许孩子顶嘴、不容许孩子充分表达，太少聆听孩子倾诉，孩子说点啥都评判、否定、打压，或者只想着怎么教育孩子，久而久之，孩子就不想和父母沟通甚至不愿意说话，宁可把话闷在心里。

其实父母明白自己对孩子做了什么，只是可能不知道影响会那么大。如果不能体会孩子的感受，不能跟孩子建立日常良好的沟通，亲子关系就会变得脆弱疏远，那么在孩子遇到问题的时候，父母又怎么能帮到孩子呢？

特别提示

影响青少年成长的三个最常见的家庭因素：

1. 父母自身的心理状况。很多家长不想面对自己的问题，没有勇气做出改变，只会把注意力放在孩子身上，毫无节制地释放自己的情绪，最终影响孩子的成长。

2. 父母的关系造成的家庭氛围。夫妻感情是两个人的事，但是夫妻关系是家庭的核心关系。孩子是家庭成员，必然会受到父母之间关系的影响，更何况孩子出于对父母天然的原爱，时刻都在关注着父母。

3. 对孩子的不当教育方式。如果平时父母对孩子家教严格，对其多是评判、否定、打压，或者只想着怎么教育孩子，久而久之，孩子就不想再和父母沟通甚至不愿意说话，这样势必会影响孩子的正常成长。

第五节
教育孩子的时候，你为什么管不住你的急？

“父母”这个身份，很多人并没有经过培训就上岗了。面对众多的“第一次”，家长需要学习，需要反思，需要进步。教育孩子的过程也是家长自我成长的过程。

面对孩子的问题，家长总是爱着急

有不少家长苦于控制不住自己的情绪：当孩子做错事的时候，明明想好了要克制情绪，慢慢跟孩子交流，可是真正面对孩子的时候总是控制不住自己，有时言辞激烈伤了孩子，有时大发雷霆吓着孩子，有时抬手揍了孩子一顿之后又后悔不已。

有一个家长曾经问我，为什么他会控制不住打骂孩子？明知道是自己心太急，而且明知道这样做不对，可是却没办法管住自己。他说打骂完孩子之后非常懊悔，甚至会难过得掉眼泪，可下次还是会这样，这样的情况已经发生很多次了，但是他却不知道该怎么办。

我想很多家长朋友对此深有同感，俗话说“心急吃不了热豆腐”，家长明知道教育孩子要慢慢来，但就是控制不住情绪，恨不得看一眼豆腐，就把它吃到肚子里了。为什么会这样呢？又如何防止这种伤害亲子关系的事情发生，让亲子教育在充满和谐、温暖、爱的氛围中进行呢？

家长容易着急的三个原因

接下来我们谈一谈，教育孩子的时候为什么管不住你的急，根源在哪里，以及如何破解这个难题。

拔苗助长的寓言故事，我们都知道，其后果不言而喻。关键是很多家长明明知道这样不好，还会控制不住地去做。这说明行动的动力并非来自意识层面，而是来自无知觉或者不完全清楚状况的潜意识层面，这种矛盾反映的是意识和潜意识的冲突，也就是我们经常说的身心不合一。

可是冲突的结果，为什么是不明就里的潜意识占上风呢？那是因为我们对自己的内心深处缺乏了解，就好像你走在路上突然被偷袭，无法预防所以也不能有效地组织反抗，只能紧张兮兮地硬挺着，不知道啥时候又被偷袭，实在让人感觉烦躁、苦恼又沮丧、无奈。

而心理学就是把人的内心真相揭示给大家看，让人们有可能改变现有的心理反应模式。所以，一定要去寻找明知不对却还控制不住要去做的动力是从哪里来的，这样我们就能有效应对，反败为胜。

我们来谈谈常见的三种急躁教育心态形成的原因，相信会对家长朋友有所帮助和启发。

1. 父母自身成长过程中遗留下来的问题

有位妈妈来找我咨询，很难过地说："老师，我小时候是被父母打大的，所以我痛恨所有打孩子的行为。我在怀孕的时候就下定决心，以后绝对不动我孩子一手指头，可是我没有做到。在孩子几岁的时候我就打他，打到我自己都害怕，我是不是神经不正常？我是不是魔鬼妈妈？"

咨询过程中，这位妈妈小时候被父母打骂的创伤暴露出来，在咨询室里，我看到她又痛又怕又恨，浑身颤抖，泣不成声。我引导她释放心中压抑的痛苦之后，暂时作为她母亲的代表，把她抱在怀里轻柔地抚摸和劝慰，然后她慢慢地睡着了，很久之后才醒过来。睡醒后，我和她交流，了解到她顿悟了很多。

就像上面这位妈妈一样，很多父母的急躁和暴力言行，是小时候自己遭遇的再现。这并不是父母有意要犯错，故意去伤害孩子，可是作为孩子却很无辜，他不明白父母为什么要这样对他，只能茫然地承受，如此形成一个循环往复的怪圈。

绝大多数父母都是在不懂得如何做父母的时候做了父母。他们只能凭着自己的本能和成长经历中少得可怜的经验来教养孩子。一个从来没有被柔和、温暖对待过的孩子，当他成为父母后，如何知道应该怎么做呢？

无非就是想想自己的成长经历，被父母骂一顿或者打一顿了事。要不就是小时候被打的感受很痛，所以下定决心不打骂孩子，可是到底怎样做是正确的，家长还是不知道。

要想做更好的父母，就要下决心阻断这种伤害性的循环怪圈。把自己过往的经历从孩子身上收回来，去找到解决问题的根源——修复与自己父母的关系，可能这里面有很多成长的痛楚和不堪，还有很多自己早已遗忘、其实一直留存在潜意识深处的感受。

重新修补与自己父母的关系，是很多家长面临的难题。陪伴孩子成长的过程，也是家长重新再成长一遍的过程。从这个意义上说，孩子出现的问题也算是他送给父母的一份成长的礼物，是不是呢?

2. 对生命缺乏正确的认知和起码的尊重

无论是四季轮转还是播种与收获，都是世间万物运行的规律。要想庄稼有所收获，之前就要先播种，在播种和收获之间还要耕耘和等待。这是自然法则，是生命发展的道，没有人能改变。

如同每个孩子出生来到这个世界上，他的身体里就带着生命发展的密码。其决定这个孩子在什么时候发展出怎样的身体能力，同时心理也随之发展变化，一环扣一环，不能跳跃式发展，也不能重新来过，只是不同个体有所差异，但无一例外。

这就需要父母必须要认识到生命个体的发展规律，依循配合这个规律去做事，这是一份对生命起码的尊重。

在绵延的生命面前，我们作为个体是非常渺小的。有些父母认为孩子是我的，因为我对他有所付出，他就应该有所回报，这无异于孩童般的幼稚和傲慢，只会带来烦恼和痛苦。

那些企图控制孩子的父母，得到的一定是事与愿违的结果，孩子不是成为行尸走肉丧失自我，就是拼命反抗两败俱伤，更有可能制造出一个心理扭曲的孩子。

对生命有起码的尊重也表现在生活的互动中。曾经有位老师来向我咨询，说她的班上有个孩子很喜欢随便翻弄其他孩子的用品，若被制止就会恼羞成怒地把别人的东西甩到地上，还喜欢对人扮鬼脸，叫外号，撅起屁股做出放屁的样子，这么调皮的孩子该怎么教育？

我告诉这位老师："你家访一下，去观察这个孩子的父母是怎么对待他的就知道了。"她后来告诉我，果然是这样，家访时发现孩子的家长对孩子非常不尊重，随便恶语相向，手一挥就把孩子赶到一边，跟赶一条狗似的，看也不看。若孩子不闹出点动静，父母根本不会理他。不难看出，这个孩子的一些行为是从父母那里习得的，父母不尊重孩子，孩子就不懂得自重。

在成长过程中被控制过的孩子，长大后做了父母也会倾向于控制自己的孩子，所以父母要放下控制，学会尊重孩子，不仅要随时觉察和提醒自己，尊重生命才是真正的爱，更深一层更要在和自己父母的关系中逐渐改善，把那份紧张焦虑的控制，转化为接纳生命自然的发展，以及欣赏、包容孩子成长过程中的各种变化。

3. 没有发展出行之有效的情绪管理技能

很多爱急躁的父母普遍缺乏情绪管理技能。由于他们自身的问题和成长过程中被忽略的尊重，仿佛“遇事着急”成了日常。很多家长自诉爱着急，不知道该怎么办，那我就要问家长一个很基础、很重要的问题：“你真的愿意改变吗？”还是家长想用这样的问题来表明：“我着急是不对，但这样的局面都是孩子造成的？”如果是这样的心态，那家长的“急”就不会发生质的改变。

只有真心愿意做，才会主动做，只有真的想做好，才会认真做。只有脑子里有真的要改变这根弦，你才会提前叫停，紧急刹车。父母具有情绪管理能力非常重要，不仅是改变“急”的问题，对于教育孩子的方方面面都有支持作用。

特别提示

父母在教育孩子的过程中经常容易着急，其背后到底有哪些原因呢？

1. 父母自身成长过程中有遗留问题。家长小时候的成长经历会干扰自己对孩子的教育方式。

2. 对生命缺乏正确的认知和起码的尊重。父母需要认识到生命个体的发展规律，依循配合这个规律去做事，这也是一份对生命起码的尊重。

3. 没有发展出行之有效的情绪管理技能。父母具有情绪管理能力非常重要，对于教育孩子的方方面面都有支持作用。

第四章

沟通之架起一座连心桥

教育有很多种方式，沟通是其中最常用、最必要的一种。有效的沟通直达心灵、事半功倍，同时掌控有效沟通技巧并不困难。

第一节
只做一件事，让孩子愿意主动找你说话

> 家长只要掌握正确的沟通方法，孩子就愿意跟你交流。沟通中，不但能传递关爱，还能渗透教育理念。这一切并不难实现。

很多家长都觉得亲子沟通令人焦头烂额，有时家长只要跟孩子一说话，孩子就顶嘴，再说就吵起来，不然就是孩子跑回自己房间把门一关，不再跟父母说话，瞬间气氛凝固，亲子关系变得冷漠尴尬。

家长可以不跟其他人沟通，但是没可能不跟自己的孩子沟通。有没有想过，你可以成为一个亲子沟通的高手呢？如果想，并愿意去做，你一定可以！

任何话题都能开启嗨聊模式！

其实，有效的沟通并没有那么困难，父母只要做对一件事，

就能让孩子愿意跟你说话，并且主动找你说话！

怎么做呢？

很简单，就是建立一个最佳沟通模式，这个模式叫作——任何话题都能开启嗨聊模式！

这是什么意思呢？就是建立亲子沟通的一个习惯，父母跟孩子之间可以无话不谈，百无禁忌，什么话题都能拿来聊。

所谓真正的沟通高手并不是掌握了多少高深的沟通技巧，而是有本事保持沟通的空间不破。也就是说，只要能让对面的人始终愿意跟你讲话，那你就永远有机会了解对方并向他表达。如果对方把心灵之门关上了，无论你说了什么他都接收不到。很多家长跟孩子的沟通，就是这样走进死胡同的，家长说得很对，说得很好，同时也说了很多，但是孩子的心门就是完全不开，把家长的话全部都给挡回来，是不是这样呢？

那如何建立“任何话题都能开启嗨聊模式”的沟通方式，如何保持沟通的空间不破呢？以下介绍相关方法。

亲子沟通的三项基本原则

我先谈三点不管怎样都要坚持的基本原则。

1. 家长要尊重孩子有拒绝沟通的权利

如果你不想说话，有人非逼着你说，你是否觉得很讨厌。有时候，你会看到孩子不想说话，这时家长不要怕孩子不讲话，因为不讲话并不代表他不愿意跟你讲，而是需要暂时关闭与外界信息交流的通道。等他愿意沟通了，这个通道的门就会被打开。青春期的孩子是需要独处空间的，他能从中学习面对一些事情如何自行处理，这时家长千万不要强行逼孩子讲话，那会让孩子真的不想再跟你说话，就算说也可能是谎话连篇。

有时候，我发现女儿有情绪，就会问她："我看到你好像不开心，愿意跟妈妈说说吗？"

她往往会简短地回答："不愿意。"

我说："哦，好的，等你愿意的时候再说吧，妈妈随时愿意听。"

然后我就不再提，给她空间自行处理。我观察她的情绪平复了之后，会问她："那会儿的事情我有点好奇，你想说说吗？"

这时她往往会说一说，或者她会说"没什么"。她如果说，我就专注地听；如果不说我就会告诉她："好的，虽然我有点担心，但我相信你可以自己处理好。"

诸如此类的话会让孩子感到有自由选择的权利，那么他就会觉得安全，向父母诉说的可能性就大很多。孩子选择自己处理，这对他也是有好处的，青春期的孩子不需要把所有事情都告诉父母，但是家里一定要有孩子想说就能说的氛围。这个非常重要。

2. 孩子说话的时候家长不要急于表态

当孩子向家长倾诉的时候，家长要尽量了解事情全面的信息，要先聆听孩子表达，无论他说了什么切记不要评价和说教。聆听的意思就是用心地听，家长可通过问一些问题引导孩子把事情的全貌表达完整，这样孩子也会养成多角度关注的思维习惯。

举个例子，我女儿上初中的时候，有一天放学回来对我说："妈妈，今天我被老师打了！"

如果你是我，听到孩子这么说会怎么想？会做出怎样的回应？这时候一定别让自己那么快出手，要让自己慢下来。首先我了解我女儿，她是不会也不需要对我撒谎的。我个人很反对体罚孩子，因此听到女儿的话之后震惊了一下。之后我马上镇定下来开始思考，女儿说话一贯简短，从不啰唆，我知道我对整个事件还没了解清楚。

所以我就问她："老师打你哪儿了？"

她说："手掌心。"

我说："用什么打的？"

她说："尺子。"

我说："疼吗？"

她说："疼。"

我说："妈妈都心疼了。"

又问她："因为什么打你？"

她说："因为我们班没考好。"

我说："不是你一个人挨打，其他同学也被老师打了，对吗？"

她说："是的。"

我说："你也考得不好吗？"

她说：“我还算好的，所以打得少些，只打了三下，不过手心被打红了。”

听到这里，我松了口气，幸亏我把事情问清楚，不然很容易以偏概全做出错误判断。接着，我问她：“老师打疼了你，你是怎么想的，你恨她吗？”

她说：“我不恨。”

我问：“为什么呢？”

她说：“因为我们确实没做好。”

我又问她：“你们没做好，老师就可以打你们吗？你认为这样对吗？”

她说：“打人是不对的，我想她也许是太生气了吧，如果她有别的办法，也不会打我们了，班上还有三个考得不错的就没挨打，我下次做好一些吧。”

我回应她说：“你能这样体谅老师，老师没有白教你。如果你能做得更好些，不仅为老师争光，更重要的是为你自己的学业加分呢。”

我看到女儿点头表示同意。

一次关于女儿挨打的沟通就这样完成了。其实，我只是详细询问和给予女儿肯定，就完成了教育过程。很多家长平时做得太多了，怎么会感觉不累呢？

3. 绝不否定和批判，只做正面引导和肯定

当家长跟孩子这样沟通时，孩子就会觉得安全，他才敢于去表达。思想本无罪，我们做父母的，思想也不见得就完全

正确。人的思想是在不断进步的，孩子更是这样，如果他不说出来，父母怎么有引导的机会呢？所以要把沟通当聊天，让孩子多说，父母少说，这样孩子就能感到空间很大，自然愿意去表达。

我即使是批评孩子，也是平静地就事论事，提出行为上的问题，而不是针对个人品格。当我把话说完，最后我一定会问孩子“妈妈这样说你同意吗？”“你觉得我这样说你能接受吗？”“有没有什么我没有想到的，你可以提醒我一下。”“你有更好的建议吗？”这样的话，孩子往往都非常接受。

亲子沟通的两个技巧

前面谈到了基本原则，接下来说两个实用的技巧。掌握了基本原则，技巧必然会有效果。

1. 跟孩子谈话要有深度，不要停留在表面沟通

深入地沟通效率会非常高，短时间内就能了解孩子的内心。

怎么做到谈话有深度呢？很简单，就是问“为什么”。通过这样的方式可以了解孩子的兴趣、爱好和价值观，如此我们就能有的放矢给予孩子引导。

举个例子，我女儿很喜欢Cosplay，但我并不懂这种动漫活动，不懂可以问啊，我就问女儿：“你这个造型是哪个人物啊？”“是哪个动漫作品里面的？”“他在里面都做了什么？”“为什么你会喜欢他呀？”

女儿一听，发现我不仅不反对，还很感兴趣，就特别愿意跟我分享。

每个人的行为都是本人内心世界的外显，孩子更是如此，他们比大人真实多了，同意吗？所以父母不要一直盯着孩子外在的行为使劲，要多去关注他的内心。

父母不是天生就懂孩子的世界，不过没关系，不懂我们可以去问，不带评判和说教，孩子会很愿意告诉我们。

这个方法用在不太愿意说话的孩子身上特别管用，家长一次只问一句，然后等着孩子慢慢诉说即可。

2. 沟通的话题一定要多，范围要广泛

很多家长不知道怎么跟孩子沟通，主要是因为平时亲子谈话的内容太狭窄，关注点太聚焦，除了学习就是学习，没有一点趣味。你愿意跟一个天天跟你谈工作业绩的人说话吗？青春期的孩子尤其如此，他们的世界很丰富，如果家长只盯着孩子的学习成绩、饮食起居、师生关系，远远不能满足他的成长需求。假如我们跟孩子在任何话题上都能开启嗨聊模式，关于学习的问题自然而然也就能谈到。

有家长和孩子一起听“非常青春期”的课程，这就很好。不要把教育孩子作为听课的目的，那样他就会感觉被操控，自然不乐意。其实完全可以把听课作为一个聊天的谈资，比如我讲到孩子告诉我她丢钱了，我问家长：“如果换作是你，第一句话会说什么？”

这时你就可以问问孩子："如果丢钱的是你，你愿意我怎么回应你？"

你可以跟孩子说：我想说的是这样一句话，或者是那样一句话，你的感受是怎样的？你更喜欢我怎么说，为什么？等等。

在听一次课的过程中，父母和孩子之间就可以有很丰富的交谈。你能了解到孩子内心的想法，他也会告诉你怎么对他是有效的。

我跟我的孩子就是这样，我们经常去看电影，关于电影的音乐、剧本、结构、思想、人物等等，各个角度都可以找到探讨的话题，这样就有很多谈资去了解孩子的内在。社会热点问题更是我们的必聊话题。

比如，曾经有一个社会热点报道：一个少女因为一个孕妇假装身体不适，受骗送她回家，被孕妇的丈夫奸杀。我在跟我女儿聊天时问她怎么看待这件事，如果她遇到这样的事会怎么做，然后我给她补充还可以怎么做。这样的沟通在我跟女儿之间随时都会发生。

这种沟通也教会我很多，我对青春期孩子的了解，很多来自我女儿，她教给我很多网络语言，会跟我聊早恋、性、吸毒、婚姻、爱情、哲学、历史，还有她的烦恼和无奈。

在这里我要强调的是，假如平时父母没有跟孩子养成沟通的习惯，只是使用技巧往往无效，甚至会加速亲子关系的恶化，对此家长要明晰。

最美好的沟通场景就是，父母和孩子之间可以畅所欲言，心无挂碍。即使家庭成员性格内向，彼此之间交流不多，孩子也相信，有个安全空间一直属于他，那是父母对他的信任和关怀，这就是家长们为孩子建立的沟通空间。

特别提示

亲子沟通必须要坚持的原则：

1. 家长要尊重孩子有拒绝沟通的权利。

2. 孩子说话的时候家长不要急于表态。

3. 家长绝不否定和批判孩子，只做正面引导和肯定。

亲子沟通需要掌握技巧，如此才会有效果：

1. 跟孩子谈话要有深度，不要停留在表面沟通。

2. 沟通的话题一定要多，范围要广泛。

第二节
简单三步，轻松叩开孩子心灵之门

父母只有走进孩子的内心，才能和孩子进行有效的沟通。绝大多数的教育信息是通过沟通来传递的。

很多家长朋友都在问我关于亲子沟通的问题。沟通在生活中无处不在，不可或缺。在陪伴孩子的过程中，绝大多数的教育信息是通过沟通来传递的。

亲子沟通要聚焦

有很多家长特别想跟孩子沟通，但苦于不知从何做起。还有的家长通过学习，掌握了一些沟通技巧，看起来说了很多，说得很好，孩子却听不进去，最大的问题在于，事情并没有得到解决。

有这样一个故事：某家工厂进口了一台机器。有一天，这台机器坏了，工厂里谁也不知道该怎么维修，最后只好把外国专家请来。这位专家围着机器观察，在机器不同的位置敲敲打打，然后在机器的某个地方画了一条线，说这下面有个螺丝松动了，把它拧紧就行了。人们半信半疑地照着专家的话去做，果然机器恢复了正常运转。可是之后寄来的账单却让大家傻了眼，账单数额显示要付10, 000美元的咨询费。只画一条线就值10, 000美元？！工厂跟这位专家沟通：“您是不是弄错了？”专家回答说：“没错，画一条线1美元，知道在哪儿画线9, 999美元！”这个完美的回答让厂家无法反驳，只得照账单支付了10, 000美元。

很多家长在跟孩子的日常沟通中，只盯着那1美元，专注于所谓干货、高精尖的沟通技术，其实那都是画一条线的事，但如果这条线画的不是地方，不仅解决不了问题，还可能因胡乱修理而把机器弄坏了。

因此家长不妨聚焦一下那“9, 999美元”。我给大家分享一个实用且高效的沟通技术，不仅能让你的沟通直达孩子心灵，而且还很好掌握。

如何快速锁定孩子的内心需要——简单三步法

家长跟孩子沟通无效的原因在哪儿呢？基本上是因为父母说的都不是孩子想听的，或者没有说到重点上。这些话在孩子听来就变成说教和唠叨，换成是你也不会愿意听。

所以父母必须清楚孩子内心最渴望在沟通中得到什么。如果我们知道这一点并且能够满足他，孩子的能量自然而然就会向父母流动，他的心灵之门就会打开，父母想传达的信息就能畅通无阻地进入到孩子的内在。然而，每个孩子都不同，每一颗心灵独特又变幻复杂，家长如何知道自己的孩子渴望得到什么呢？

教你一个方法，只需三步就能锁定答案。

第一步：问一个有关亲子关系的问题，让孩子给你关键词的答案

比如，你问孩子：如果妈妈能给你很多有形和无形的东西，你最希望得到什么？

孩子可能回答：礼物、周末陪我、我做错了你不要生气、说话温柔点儿，等等。

再比如，爸爸问孩子：爸爸怎么做，你能感觉到我的支持？

孩子可能回答：鼓励、不当众批评我、跟我一起运动、对我说“没关系，再来一次”，等等。

如果你过去和孩子这样互动过，他想一下就会比较容易找到那些关键词，因为他的本体感觉会唤醒这方面的记忆。如果你之前没有这样做过或者孩子想不起来，你可以问他“你觉得当我怎么做的时候，你能感受到……”或者“当我那样做的时候，你会有什么感觉？如果用一个词语来表示，你觉得是什么？”

如此，你只问孩子启发式的问题，就会从孩子那里得到诸如爱、接纳、尊重、鼓励、礼物、肯定等这些关键词，并且你也有所了解怎么做会令孩子得到满足。

第二步，用剥夺法找到孩子最需要的关键词

当你从孩子那里得到一些关键词之后，可以继续问孩子：“如果这些关键词我不能完全做到，你觉得哪个词是可以拿掉的呢？”

这时孩子可能会拿掉一个关键词，比如由开始的5个词变成了4个。

然后你就继续问：“有时候我可能太累了或者时间不够，不能完全做到这4个，你觉得哪个词是可以再被拿掉的呢？”

然后孩子思考一下，4个词变成3个。

你这样问孩子两三次之后，他的本体感觉就会自动筛选，一般不需要你继续发问，他就能直接告诉你，哪个关键词最重要并且是他最在乎的。这个关键词也就是你跟孩子互动中必不可少的，如果你做不到，会给亲子关系明显减分，做到了就会加分，不断这样做，亲子关系会大大提升。

第三步，在生活中去验证这个词的效果

当家长做了和关键词相关的事情时，跟孩子去探讨这样做让他感受如何。假如他的感觉不好，那就从上面提到的第一步开始，再来一次。

三步法应用实例

给大家举些真实案例。

我女儿小学一年级的时候，有天我们去散步，走在路上我就问她："你最希望妈妈对你做的是什么呀？或者说妈妈为你做什么，你是感到开心的呢？"

我们一起找了几个关键词，有爱、陪伴、礼物、尊重等。

然后我就用剥夺法筛选，问她："如果妈妈不能全部做到，哪一个词是可以拿掉的呢？"

她说礼物是可以拿掉的。

我又问："如果妈妈还是不能都做好，那哪个词是可以拿掉的？"

然后她又拿掉一个。我问了三次之后，她内心就找到了那个她认为最重要的关键词。我以为孩子要的是爱或者是陪伴，但是孩子却给了我一个很惊讶的答案——理解。我觉得她可能并不清楚理解的意思，她用语言的确也说不明白什么是理解，于是我就在与女儿的互动中去验证。

从那以后，在遇到事情跟孩子沟通时，我第一句话就会告诉女儿："妈妈理解你。"并且我会讲出我的理解，问她这样理解对不对。

孩子有时会点头，有时会摇头或不置可否。她点头的时候，我会去感受我的言行在她心里的那份感觉。如果她没点头，我就会很真诚地问："那你是怎么想的？你能帮助妈妈理解你吗？"

此时她就很愿意跟我说心里话。我发现每次我表达出对孩子理解的时候，谈话效果都出奇的好。

曾经有个妈妈一直以为孩子很顽劣，对自己没有感情，跟我学了这个办法后，她对孩子说：“我希望你能帮助我做个好妈妈，给你最好的教育。”当她掰着手指跟孩子做剥夺法的时候，孩子一把按住她的手指说：“我最在乎你不要那么累。”这个妈妈当时就哭了。

后来这个妈妈改变了生活方式，变得不再跟前夫敌对，开始热爱工作，带孩子去享受美食和旅游。终于有一天，孩子对妈妈说：“我最喜欢你夸奖我。”这个转变源于妈妈开始关注自己，孩子也终于把注意力转回自己身上。之后这个妈妈特意打电话来感谢我，我听到她在电话那头喜极而泣。

在我所接触的个案中，有的孩子想要清静，不希望父母唠叨；有的孩子想要家庭和谐，希望爸妈不要吵架；有的孩子想要自由，希望父母不要偷看他的日记；有的孩子想要倾诉，希望父母能听自己说说心里话……

每次我作为孩子的代言人，把这些告诉家长的时候，很多父母都会震惊，说没想到孩子竟然是这样想的。也就是说，父母“自以为是”地做了那么多，最后却跟孩子想要的南辕北辙。如此亲子关系怎么可能相处得好？沟通怎么可能有效？而付出最大代价的，往往是孩子，这让人很痛心。

三步法在我和女儿的互动中屡试不爽。随着孩子成长到不同阶段，使用以上方法时稍做调整即可。

我女儿在小学阶段最在乎“理解”，后来她升入初中，在学校里感觉不愉快就经常吐槽，说这个不好，那个不好。很多青春期的孩子都这样，看似他们对全世界的人、事、物都不满，但这恰恰是他们展示个性、表明自我存在的一种方式。

女儿经常这样吐槽，于是我引导她怎么看学校，怎么看老师，也表达出我的各种理解，但是效果不理想。有一天，女儿又开始吐槽，我觉得那种无效的沟通模式不应该再重复。

我问女儿："我听到你这样讲，很理解，同时也有点焦虑，你需要妈妈为你做些什么呢？"

女儿说："不需要，你听着就行了，该做什么我知道，你借我个耳朵让我讲就行了，我在学校又不能讲，不得憋死我啊？"

我突然意识到：孩子长大了，她能自己解决问题了，不需要我过多的引导。我对她说："你现在跟妈妈说话，最需要的不是妈妈的意见，而是妈妈听你说就可以，是吗？"

她说："是啊，你听着就行，除非我问你。"

所以整个初中时期，我女儿一直在各种吐槽，有段时间甚至还飚脏话，我就用"哦""啊""咦""唉""这样啊""真的吗"这一类词回应她。比如她吐槽说："老师太丧心病狂了，布置这么多作业！我不做！"

我说："是啊！太过分了，好不容易有个周末。"

她吐槽一会儿就说："唉，不说了，我去做作业。"

你看，就这么简单。她态度转变的原因就是她得到了尊重和支持。我只是倾听，她就能感觉到妈妈的支持，这种沟通模式我们一直延续到她初中毕业。

当女儿拿到高中的录取通知书之后，我又开始思考高中的沟通模式如何调整。这当然还是要问当事人。

某一天，我请女儿吃饭庆祝初中毕业，聊天中我跟她探讨沟通方式的改变。

我说："你就要上高中了，妈妈和你的沟通方式也得要改变了。能不能跟我说说你最想要的、最希望得到的是什么？"

她跟我说了两点，第一点是："当你跟我提出一个建议的时候，请不要多次强调这只是个建议。"

你看孩子多有灵性，家长经常明里暗里地想操控孩子，孩子一眼就看穿了。

她说的第二点是："希望你能信任我，如果你不信任我，我也没办法信任你。"

我说："为什么呢？"

她说："如果你不信任我，就会觉得我这也不行那也不好，那我又怎么能信任你给我的建议真的适合我呢？"

所以到高中之后，我给女儿的建议几乎都只说一次，不过我会向她确认，具体就是我说完之后会问她："我说清楚了吗？"

她会给我一个回应，我据此就知道她是否收到。

在这之后与她沟通时，我会经常讲：我相信你会怎样，并向她提出我的期待。比如她某科成绩不理想，我会表达说："我从来都不怀疑你能学好，你只是还没找到更好的方法，我相信你可以的。"

我总是向女儿表达我的信任，这样整个交流过程会进行得非常好。女儿一天天在长大，确实越来越进步，我们的沟通几乎没有遇到过什么障碍。

以上这些方法能否落实，跟懂不懂心理学完全没有关系。所以家长朋友们，你现在就可以这样去做。千万不要小看这个方法。“不积跬步，无以至千里；不积小流，无以成江海。”在家庭教育中，如果我们所做的每一点都正确的话，那么一点一滴慢慢积累就水到渠成了。

那些在家长看来貌似很复杂的问题，归根到底是因为方向不明确，方法不正确，导致家长做了很多无用功，由此必然会导致身心疲惫，无功而返。

特别提示

亲子沟通需要有的放矢。为了更好地了解孩子的需求，达到好的沟通效果，家长可以这样做：

第一步，问一个有关亲子关系的问题，让孩子给出带几个关键词的答案。

第二步，用剥夺法找到孩子最需要的关键词。

第三步，在生活中去验证这个词的效果。

第三节
只有谈出感受，才能谈出感情

家长在与孩子沟通时要始终重视孩子的感受，这是一条达至教育目标的捷径。

重视孩子内在的感受而非外在的行为

曾经有位妈妈非常苦恼地来找我咨询，她偶然发现正在上高中的孩子竟然有了厌世轻生的念头，这令她非常震惊。她无论如何想不通，自己眼中的孩子无论是学习还是礼貌以及社交和才艺等方面，都受到学校老师的一致好评，很多家长羡慕她的孩子就是那种“别人家的孩子”。而且，这个孩子平时表现得很听话，跟家人相处还挺融洽，也没有什么特别的事情发生，为什么他会有轻生的念头呢？

家长朋友看到这里会想，这世上会有莫名其妙就不想活的人吗？这个孩子想轻生的原因到底是什么呢？

我在跟这位妈妈的接触中，慢慢了解了孩子厌世的真相，也逐渐戳破了成功教育的假象。

这个孩子看起来谈吐举止和学业才华堪称此年龄段孩子的标准，就像生产线上指标苛刻且完美的产品。只可惜，人不是产品，是有着丰富感情和内在独特心灵感受的生命体。这位妈妈一心培养孩子做到优秀甚至卓越，却忽略了孩子的内心感受，导致孩子的心跟父母之间的距离越来越远。

在亲子关系中，最重要的就是父母与孩子的感情。感情这个词用本体能量学解释就是人与人之间相联系的体验，它需要不断积累感受并将其稳定下来，所以它迟于感受出现，比起感受而言它更加内在。换句话说，积累下来什么样的感受，就会形成什么样的情感，只不过感受更外在，容易被人察觉和谈论，而感情更内在，不是短时间内就能形成和改变的。

若父母长期忽略孩子的感受，会让孩子觉得与父母的感情并不重要，自己不值得被爱，自己跟父母之间没有什么关系。与此同时，父母还过度严格地专注于训练孩子的行为，更会让孩子感觉，自己得到爱和温情是有条件的。这种情况下，假如孩子内心本就认定自己不够好，或者遇到解决不了的挫败，就会彻底绝望，认为自己没有存在的价值，活着没有意义。这时，孩子跟父母的感情纽带就会断裂。没有了情感纽带，人就会失去跟这个世界人、事、物的连接，当他想离开的时候，也就没有什么能拉住他了。其实，不只是孩子会这样，大人也是如此。

所以，盲目聚焦行为而忽略感受，这种没有情感内核的教育方式，必然导致惨痛的失败。

讲一个最典型的真实例子。

行为主义心理学是对西方心理学影响最大的心理学流派之一。它的创始人是美国心理学家约翰·华生（John B. Watson），华生的研究直接推动了商业广告的迅猛发展。这听起来很酷吧，可是他的三个孩子在其影响下的发展是怎样呢？大儿子 30 岁自杀身亡，女儿患上了严重的抑郁症并多次试图自杀，小儿子学习心理学企图自救，仍然难逃抑郁症的纠缠，到处流浪，终生没有结婚。

为什么会这样呢？华生是行为训练的倡导者，他坚信只要在特定环境的配合下，就能把任意一个婴儿训练成任何你想要的人，比如成为法官、医生、工程师等等。他使用恐惧实验来做研究，用条件反射式的恐惧来控制婴儿的反应。他的三个孩子就是这种残酷训练法的受害者，华生所推行的婴儿哭声免疫法——"哭了不抱，不哭才抱"几乎祸害了整整一代美国儿童，轻则睡眠障碍，重则人格障碍甚至精神分裂。

几十年前在西方国家早就被禁止的婴儿哭声免疫法，几年前在中国竟然死灰复燃，还被一些明星家庭效仿。当时，情急之下我写了几篇本体能量学的文章，向大家普及儿童创伤心理学。所以请容我在这里呼吁，家长朋友，我们一定要学习系统的、完整的、有人性的心理学知识，尊重生命发展的客观规律，不然代价真的太大了。

当然，绝大多数家长不会做出这么极端的事，可是有些家庭一不小心就会滑向这个方向。很多孩子长大后与父母之间的感情渐渐疏远，冷漠，其实是亲子感情出现了问题。这往往是父母长期只关注孩子的表面行为，而忽略他的内心感受造成的。孩子觉得父母不关心自己的感受，久而久之就会关闭心门，不愿再和父母交流自己的内心感受。亲子之间缺少温馨、信任、愉悦的氛围，必然不会发展出好的亲子感情。

其实，要想有好的亲子感情并不难。只要父母掌握一些有效的方法，在孩子愿意的情况下，让他多谈谈感受，就可以达到很好的效果。

与青春期孩子多谈感受的原因

对青春期孩子的引导，需要多谈感受，为什么呢？

① 青春期的孩子趋向于理性表达，他们常忽略自己的感受。而感受是心灵最真实的信号，孩子可借由此觉察和探索自己，父母也由此更了解孩子。只有理性和感性共同发展才更利于思维和心智的成熟发展。

② 父母要教会孩子成为真实的自己。一个人离自己的真实感受越远，就会变得越虚假，越没有力量，也越容易堕入迷茫。最终只能依赖外界的标准生活，活成父母的续集，他人的赝品，就是没有活成自己，想想这是多么可悲的人生。为人父母有责任帮助青春期的孩子忠于自己的感受，真实地活着。

③ 青春期的孩子越来越有力量反抗父母，如果没有坚实的亲子感情做润滑剂，很容易导致父母与孩子之间在发生矛盾冲突之后不好调和。感情的互动是以感受的流动为基础的，情感关系就像一个账户，平时要注意多往里面存款，账面的金额越多，越能经得起偶然的大额支取。如果账面上本来就没多少金

额，遇到事情再去超额支取当然就入不敷出了。

④ 不谈感受的教育无法触及心灵。很多家长、老师教育孩子时讲的道理头头是道，却不见好的效果，那是因为家长和老师没有了解孩子的感受，说的话当然也就说不到点子上。

特别是对于青春期的孩子，需要家长引导他面对和熟悉自己的感受，并学会与之相处。不然长大以后他的沟通表达、人际关系，特别是情感关系就会出现各种问题，因为他无法向对方表达清楚自己的感觉，同时也搞不清楚自己想要什么。

打开孩子心门的三把金钥匙

既然家长跟孩子谈感受这么重要，那具体应该怎么做呢？

第一，建立聊天习惯，自然谈感受

如果无论任何话题，家长跟孩子之间都能开启畅聊模式，在此基础上顺便就可以谈出感受。每这样做一次就会有一次的效果。如果把它看成是一份投入的话，家长们现在稳步投入，将来必有大的产出，这个收益一定会带给你惊喜。在我女儿的成长过程中，我经常这样做，并且不断被验证其效果的可观。

我女儿的高中班主任深谙教育之道，他在我的朋友圈和公众号经常会看到我跟女儿对话交流的文章，对此他很有感触。他对我说："我作为老师，没见过哪个家长像你这样，肯花这么多时间和精力跟孩子做这么细致的沟通。就算是微不足道的一件事，你都愿意跟孩子去细细地聊，而很多家长是不愿意付出这种沟通成本的。”

我说：“是啊，家长不愿意付出时间和精力在这些沟通上面，将来他一定会付出时间和精力，来解决当时未及时沟通而埋下的隐患，那可能导致孩子出现大问题，到时家长需要付出的时间和精力会更多，甚至想付出都没有机会，所以这件事是没有捷径可走的。”

第二，养成关注孩子感受的习惯，让谈话有深度

感受是每个人心灵反应的信号，有效的沟通必然需要关注感受，这样才能触及心灵。

比如，父母可以问孩子：“当你看到校园霸凌的时候，你怎么想？为什么？如果有人霸凌你，你会怎么做？为什么？”

这种谈话自然地由外在的行为转移到内在的感受，若孩子能对你畅所欲言，就意味着允许你在他的世界里来去自由，也说明了孩子对你很信任，这是很给亲子感情加分的。

有些家长不肯去了解孩子的感受，总希望拿个技术“咔嚓”一下就把孩子搞定。像这样把技术当作说明书，把孩子当作机器，拿说明书去操作对面的孩子，却无视他的心灵是怎样的，将后患无穷。

第三，掌握谈感受的三步法，耐心地倾听与引导

（1）了解事情的发生经过和细节，一次只问一个问题

注意，即使你当下再急，再有情绪，都不要连珠炮式或审问式发问，这容易让人产生抗拒。

我女儿读初一时，有一天放学回来告诉我："妈妈，今天有个隔壁班的女生，对我们班的一个男生当众打了一耳光。"

听到女儿的话后，我就一次问她一个问题，逐步引导女儿说清楚了这件事的时间、地点、人物、事件、其他同学的反应以及老师是如何处理的。

（2）询问孩子在事件过程中的感受和事后的感受

比如，我问女儿她看到打耳光这一幕后有什么感受？看到其他同学没有帮忙有什么感受？对老师的处理方式有何感受？对老师的评价是怎样的？等等。

女儿告诉我，当时她很震惊，并且很气愤，因为当众打人耳光是非常过分的，同时觉得班主任的处理很给力，值得信任，等等。

（3）引导孩子深入思考，适当给出补充建议。这是增进亲子感情的环节

我问她："如果某个男生惹你生气，你会不会当众去打他耳光泄愤？"

女儿说："不会，这样太过分了，很不尊重人。"

我又问她："如果你当众被打，你会怎么处理？"

女儿说："我肯定打回去。"

我肯定了女儿有勇气面对冲突，还送了她6个字"不惹事，不怕事"。我还告诉她："遇到事情先要讲道理。万一发生冲突，无法避免时也要敢于还手。要是遇到你处理不了的事情，一定要告诉妈妈来处理。"

当然，我不是教唆她去打架，而是让她感受到妈妈的支持，这个感受对孩子来说很重要。孩子感觉最窝囊的就是在外面被欺负了，回到家还要被父母修理，这个感受太糟糕了。

其实，一个人内心有足够的力量，反而更能做到接纳和包容，会比较少跟人发生冲突。我女儿在整个中学阶段都没有跟任何同学打过架，遇到被挑衅她也很好地处理了。

特别提示

想打开孩子的心门，需要下面这3把金钥匙：

1. 建立聊天习惯，自然谈感受。
2. 养成关注孩子感受的习惯，让谈话有深度。
3. 掌握谈感受的三步法，耐心地倾听与引导。
   （1）了解事情的发生经过和细节，一次只问一个问题。
   （2）询问孩子在事件过程中的感受和事后的感受。
   （3）引导孩子深入思考，适当给出补充建议。

第四节
有了冲突不可怕，可怕的是不会处理

> 人在成长过程中不可能不遇到冲突。既然躲不过，提升应对能力去恰当地面对才是上上策。

关于亲子冲突这个话题，很多家长是不愿意谈论的。家长觉得自己付出了很多，孩子不领情就够让人伤心了，要是还发生冲突，那简直太让人寒心了。并且有些家长本身是不喜欢面对冲突的，当然更不愿意和自己的孩子之间有冲突。也有的家长不擅长处理这类事情，担心发生冲突会伤害亲子关系，所以千方百计回避与孩子的冲突。可是，有效处理冲突，恰恰是所有家长都应该具备的重要技能。

有效处理冲突的重要性

青春期的孩子处在身心发展的飞跃期，很多父母并没有跟上孩子的成长变化。在面对发生的一些事情时，父母不知道该如何应对，所以常常用叛逆来定义孩子的表现。关键是就算孩子叛逆，父母也不可避免地要去面对。

一家人生活在一起，发生冲突是难免的事。有些家长不懂如何处理跟孩子之间的冲突，不经意间把原本的一件小事变成了大事，很伤亲子感情，这种代价其实是没有必要的。

此外，青春期的孩子在成长过程中非常需要父母的指导。如何面对人际关系冲突是每个人都必须要面对的重要课题，而这一课孩子需要跟父母学，是一节不可或缺的情商课。假如孩子没学习过这些，将来他如何应对与同学、与上司、与客户、与伴侣的矛盾分歧呢？

你和我都明白，如果孩子的年龄还小，家长吼一吼他，气急了打一顿，多半能管点用。可是面对青春期的孩子就不同了。如果家长用压制、怒吼、说教、打骂的方式处理亲子冲突，只会让亲子关系恶化，并且后患无穷。所以，随着孩子不断地成长，家长也需要跟上节奏一起学习，一起成长。

发生冲突的五种可能性

青春期的孩子可能因为什么跟家长发生冲突呢？其实，冲突往往就发生在双方心里着急的时候。通常有这几种情况：

① 孩子不能清楚、完整地表达内心的想法，感觉自己说不明白。

② 孩子觉得不被父母理解，但又非常渴望得到理解。

③ 父母指责和训斥孩子的态度，引起了孩子强烈的反感和抗拒。

④ 父母情急之下行为失当，或者先说了伤人的话，令孩子感觉到伤心。

⑤ 父母和孩子双方都急于表达，彼此都没有听清对方在说什么，从而产生了误会。

以上 5 点在生活中比较常见。之前我跟女儿之间发生过一次冲突，情况是这样的：

女儿去重庆参加美术生专业考试，考试结束当天晚上回成都，说好了我开车去接她。

结果我开错了路线，到达火车站的时间有些晚。那时火车已经到站，女儿下车之后准备出站。由于到站下车的人多，导致人流很拥挤，而出站口又在地下，女儿站在复杂的指示牌下面一头雾水，不知道该怎么出站。在电话中我俩沟通了几次都没有说明白，我怕她误走进地铁站，又担心她一个人背着行李，拖着画架，万一走到地面上去，我找不到她。当时正值晚上，火车站环境杂乱，容易出安全问题，于是我一时情急就提高嗓门说了她几句。

几经周折接到女儿，她无精打采，回到家也不吃饭，对我爱搭不理。我想可能是孩子太累了，没心情说话。

之后我回到卧室，看到女儿在微信朋友圈发了一条帖子。她在帖子里把自己叫作垃圾。我在微信里问她为什么，她不肯告诉我，我试图安慰和开解她，她却针锋相对，于是我们就在微信里你来我往地吵了起来。我每说一句话她都毫不客气地怼回来，我感到她对我的愤怒，看到女儿这样，我心里感觉有些凉。

我想很多家长朋友跟我有类似的感受，我这么辛苦这么累，还不都是为了你，你怎么能这么不领情、这么伤人心呢？

我当时也是这种心情，但当我意识到我在抱怨孩子的时候，就立刻觉察到我已经走出了母亲的身份。

处理冲突需要明确的两点事项

跟孩子发生冲突的时候，很容易唤醒我们成长过程中跟自己父母冲突时的感受。要想处理好冲突，就必须要弄清楚两点：

① 我们在成长过程中跟自己父母有冲突的时候，感觉得不到父母理解。这种不被理解的感受在与自己孩子冲突的过程中再次被唤醒，我们可能下意识地希望孩子能理解自己，而实际上这种心理需要是指向父母的。但孩子无法给予我们只有父母才能给我们的感受（被理解），他无法成为父母的父母。此时如果我们要求孩子理解我们，孩子做不到，那么，要么他会感到很无力，要么他会以愤怒来抗拒我们的不合理需求。

② 我们要承认，身为父母为孩子做事是我们的需要，为什么呢？因为不做你不舒服，做了才会安心，怎么能说完全是为孩子呢？所以我们不能把自己疲惫辛苦的账，一股脑儿都算在孩子的头上。

如果能明确这两点，我们就能牢牢站在父母的位置上，让自己冷静下来，理智地处理冲突问题。

在和女儿的冲突中，我当时也是暂停了一下，理清了情绪心态，让自己冷静下来，这时我就能理解女儿的愤怒了。她的愤怒背后是巨大的失望和伤心。

她一个人在重庆拖着沉重的行李走上走下，每天要画到很晚才能睡觉，早上还要早起赶考，那几天重庆又下着雨，并且回来当天她的身份证还丢了，又紧急到火车站去补，也没时间顾上吃饭。她带着疲惫的身心赶回来，肯定很渴望得到妈妈的温柔相待和理解抚慰。可是一下火车我还没接到她，就吼了她。这里要说明一下，当父母提高嗓门说话，孩子都会觉得是在吼他，认为你态度不好，因而会伤心。这一点家长们可以向自己的孩子求证。

当我吼她的时候，女儿该多么委屈和失望啊！然而，她并没有把失望表达出来，所以情绪很低落。她在朋友圈里表达心情也是下意识希望我看到，她没有直接对我大声喊叫，而是在微信里跟我争吵，这些都说明她在克制，她不希望跟妈妈发生正面激烈的冲突，尽管很生气，她都努力不失控。这些都出于孩子对妈妈的感情。我能感觉到她在让着我，其实她的伤心一点都不比我少，而我才是妈妈，在这件事中负责任的应该是我，我应该更加理解和包容孩子才对。

想到这里，我立刻在微信里跟她道歉，我说："我为今天吼了你向你道歉，对不起。我当时太急了，没有更好的办法，但着急不是态度恶劣的理由，这是不对的。"

前面我说了很多话她都怼回来，唯有这句她没有回怼，立刻偃旗息鼓不吵了，回了句：“嗯，睡觉了。”我想她是接受我的道歉了。

第二天，因为冰释前嫌，我跟女儿依然可以愉悦地交谈。我向她解释了昨晚为什么会吼她，以及我着急的原因，她都表示明白和接受。

女儿也坦诚地向我说出她为什么那么生气，因为之前经历了诸多不顺，导致她负面情绪积累，本来想见到我时说出来，可是听到妈妈的吼就什么也不想说了，就把情绪都憋在心里了。

在我和女儿自如的交流中，我们沿着事情的发生，回放了当时各自说的话，重新梳理了昨晚为什么会沟通无效，原来是由几个误会造成的。进而我俩重新澄清了当时的话，向对方确认自己说的是什么意思。

通过澄清才发现，当时我俩都很着急，都以为自己说清楚了，可是对方并没有听明白，难怪会发生误会。如果后来不争吵我们都没机会发现这是个误会。我和女儿在情感上都是比较内敛的，如果不澄清说不定会带着误会一直伤心下去，时间久了更无法把这件事说清楚。

所以我们约定以后再遇到冲突时，双方都冷静一下，要信任对方，把心里的话表达出来，尽快澄清误会消弭隔阂，不让失败的沟通伤害我们的感情。

至此，这件事才算解决。

生活中，亲子之间发生冲突之后，有些家长是很难给孩子道歉的。家长给孩子道歉，并不代表家长错了，而是说明家长更在乎孩子的感受，就算做错了也不代表我们是糟糕的父母。

道歉的目的是让孩子感受到父母在乎他，理解他当时难过的心情和感受，这才是真正的道歉。所以，家长跟孩子道歉的时候，务必身心合一，态度和用词都应当真诚，而不是说“好啦，就算我错了”或者说“我给你道歉行了吧”，这可不是道歉，这相当于火上浇油。只要是真诚的道歉，孩子一般都会接受。

各位朋友，看完上面这个故事或许你会觉得，原来我这所谓的心理专家遇到亲子沟通也会情绪不稳定。其实身为父母，因为太爱孩子，难免有失了分寸的时候，这些都无妨，我们用适当的方法及时补救就可以。

有效处理冲突的具体做法

那么，有效地处理冲突具体要怎么做呢?

1. 先处理心情，后处理事情

一个人有情绪是正常的，但是太过强烈的情绪或者长期处在某种情绪里，会妨碍人的逻辑思维正常发挥，这非常不利于处理问题。当我们把情绪处理好，平静之后再去处理具体的事情就会更加顺利。

当发生亲子冲突时，双方一定都有责任，如果僵持不下只会积怨越来越深，所以要尽早处理。父母应深思冲突时自己的言行，为自己失当的部分负责，诚恳地对孩子表达歉意。对某一个部分的不妥当表示道歉，并不等于承认整件事都错了。有时候孩子明明知道家长是对的，但就是因为家长态度不好，所以不愿意接受。而家长一旦转变了态度，事态就会随之改变。

2. 跟孩子一起，澄清事情的全貌

当情绪平复之后，沟通就很容易展开。在尊重、平等、轻松的沟通氛围下，双方一起还原事情发生的原貌，包括一些外部的细节和内在的感受，是非常必要的。双方越是能够细致、清晰地表达，就越能帮助孩子理解和接受这件事。同时，越关注双方的感受，越能让沟通有深度，从而加强亲子之间情感的连接。

3. 一起商讨未来的改善措施

双方可以共同设想，未来某一天如果同类情况再次出现，我们要怎么做？假如以后又因为什么冲突起来，我们应该怎么做？我希望你做到什么？或者你希望我怎么做会让你感觉更好一些？这其中你感觉什么是最重要的？

把视线投向未来，孩子会感受到希望和来自父母的支持。他会由此变得更加自信，而父母也从中提高了家教的能力。

特别提示

有效处理冲突是彰显情商的一种方式，也是更好地化解人际关系矛盾的途径，其具体做法如下：

1. 先处理心情，后处理事情。当我们把情绪处理好，平静之后再去处理具体的事情就会更加顺利。

2. 跟孩子一起，澄清事情的全貌。双方共同还原事情发生的原貌，能帮助孩子理解和接受这件事，让沟通有深度，从而加强亲子之间情感的连接。

3. 一起商讨未来的改善措施。当把视线投向未来，孩子会感受到希望和来自父母的支持，这会使他变得更加自信。

第五节

孩子早恋了，父母该如何跟他沟通

面对孩子早恋，家长首先要冷静下来，这样才能更好地跟孩子沟通，以便引导孩子朝向更利于他未来的方向发展。

青少年在成长过程中，会出现进入社会前的很多类社会行为，早恋行为就是其中之一，同时这也是父母最关心的问题之一。

有一位妈妈就提出了这样一个问题。她说："罗老师，我女儿现在读初三，初二下学期时，因为班里调座位，女儿的同桌换成了一个男生，她告诉我她有点喜欢这个男孩。我对女儿说：'把这件事告诉妈妈，说明你信任妈妈，谢谢你对我的信任。'"

"我问女儿：'你喜欢这个男孩哪里？'

"女儿说：'我喜欢他的幽默、智慧、好脾气。'并且说这个男孩没有影响到自己的学习。

"女儿学习成绩位于班里的上游，性格活泼开朗；这个男孩成绩一般，品行挺好。初三开学已经三周了，有一天女儿对

我说：‘妈妈，我是真的喜欢上这个男孩了，当老师叫他名字的时候，我的心口就会感觉一紧。’

“女儿还说，这个男孩并不喜欢她，就把她看作是普通的朋友。”

这位妈妈的问题是：“马上就要中考了，孩子的这种情况该怎样引导？如何让她把精力更好地专注在学习上呢？”

可以说，这位妈妈的问题非常有代表性，这个女儿所表现出来的情况，在很多青少年家庭中都普遍存在。当遇到这种情况，很多父母简直比孩子还紧张，不知如何跟孩子交流，管得太紧怕引起孩子反感，爆发家庭冲突，管松了又怕孩子误入歧途，前程尽毁，着实令人左右为难。

但是这位提问的妈妈很智慧，她对女儿的回应让人油然而生一种愉悦感，打心眼里就愿意和她多说几句，相信孩子们都想有这么体贴温柔的妈妈吧。

对于这位妈妈提出的疑问，我们从以下几个方面给出答案。

孩子喜欢上了异性，前期沟通要这样做

假如青春期的孩子喜欢上了异性，父母应该怎么跟孩子沟通呢？

首先，我们需要明确的是，跟孩子沟通不是目的而是手段。沟通是一个桥梁，是为了从此处到达彼处，所以不能为了沟通而沟通，要讲究策略和步骤，重要的是要有一个合理的目标。

比如，想通过一次沟通让女儿不要喜欢那个男同学，这个目标显然不合理，这样的沟通注定会失败，也容易引发其他问题。

其次，父母不能把沟通当成操控亲子关系的工具。并不是沟通完之后孩子就会按照父母的意见去做事，若父母有这个想法，本身就没有尊重孩子。父母要把重点放在用好沟通这个手段上，通过它去了解孩子的内心所想，表达自己的思想情感，引导孩子在这件事情上有更多的思考和发现，帮助他调整好情绪和心态，从而使他可以朝向自身的未来发展，并且指导自己做出积极正面的行为。

综上所述，父母跟孩子沟通的第一步就是要让孩子感到安全，感到被接纳。如果父母听到女儿说喜欢班上的某个男生时的反应是："他是谁啊？叫什么名字啊？成绩好不好啊？"或者"这怎么行呢？你年纪还小，不到谈恋爱的时候，这会影响你的学习……"那个女儿是不是顿时就不想再和父母交流了？这会让孩子感觉到父母关心的是这件事，而不是她本人。

想想都知道，孩子在向父母谈论这件事的时候是很紧张的。她肯定不会随便把情窦初开的心思告诉别人，而父母是她最信赖的人，其表现出来的第一反应对她非常重要。在和孩子的沟通中，如果父母给予的反馈让她感觉到信任，就相当于告诉孩子，我们之间的桥梁是安全的，你随时可以走过来。孩子在父母那里感觉到信任，就不会那么紧张，更容易放松下来，更可能敞开心扉。此时孩子更能听进父母的话，如此沟通就取得了良好的开端。

孩子喜欢上了异性，中期沟通要这样做

沟通也要分步骤，一步接一步。在了解了基本事实后，接下来又该如何沟通呢?

一方面，父母要给予时间，耐心等待。父母可以引导孩子主动说一些情况，这样有利于了解事情的细节，就像射击前要侦察地形、选择恰当的地理位置一样。

当孩子向父母讲述的时候，父母可以把这个过程当作是朋友之间分享心中的秘密。我们要带着温柔、体贴、快乐、欣赏去倾听孩子，让他更愿意说出心里话，母女之间可以像闺蜜、父子之间可以像哥们儿一样闲聊，态度就是不评判、不否定、更不批评，这样才能帮助我们了解到孩子的更多情况。

另一方面，父母要想好沟通的引导方向。当父母引导孩子的时候，表面看引导方向跟孩子的实际情况有关，比如年龄、性别、学业、性格、爱好等，深层里却跟父母的教育理念紧密关联。现在很多父母已经不像过去那样视早恋为洪水猛兽，能够理解这是孩子青春期阶段的正常现象。只是家长面对这种情况时，不知道怎么恰当处理，同时担心这会影响孩子的学业和身心发展。

说起沟通引导的方向和方法，其实有很多选择。总的原则是要利于孩子的成长，引导方向可能涉及性别角色认同、情绪管理、异性交往、学业进步等，沟通引导的过程也是父母陪伴孩子成长的好时机。如果父母引导得好，早恋不仅不会影响孩子学习，反而会促进孩子的发展。

我给大家举些例子。

比如，涉及性别认同方面，我们需要给孩子良好的性别暗示。当孩子说喜欢异性的时候，我们应该给予理解和接纳，向他表达共情，让孩子感到喜欢异性是一份美好的情感，从而在慌张不定的情绪中稳定下来。

妈妈可以告诉女儿："哦，你这么喜欢这个男孩子，妈妈觉得你是真诚的。"

爸爸可以对儿子说："看来我儿子懂得欣赏女孩子了。"

家长如此回应会让孩子感到，我这样喜欢一个人是可以的，原来这不是一件坏事。

这时家长千万不要对孩子进行批评、忠告、唠叨，甚至表示担忧，这会让孩子感到压力、羞辱、不知所措，甚至会收到"我不是一个好孩子""我喜欢上别人，我很猥琐"的不良暗示。这些会对孩子的性别认同产生负面影响。

父母要以平常心来看待孩子情感的发展，要知道这是一个人心理逐渐成熟的过程。过早、过多的引导会干扰孩子，过于夸张的反馈也会给孩子造成压力，比如高度关注孩子的言行举止，紧密询问他的日常活动和交友情况，或者一味地关心和赞赏……这些表现都说明父母其实并没有真正理解孩子的心情。

如何与失恋的孩子沟通

我曾经跟一个 16 岁失恋的女孩谈心。当我面对她时，我真心地去靠近她，体会她的感受，带着我年少时经历过的那些甜蜜和苦涩。我的平静和温和令她愿意跟我诉说。她说因生病请假，她一周没有去学校。等再回去的时候，发现已经和她彼此明确心意的男孩子有了新的喜欢的对象，而男孩对她却没有任何说明，这使得她的自尊心大受打击，陷入了深深的自卑和羞辱中。父母曾试图安慰和鼓励她，但没起任何作用。

女孩告诉我说："我知道我现在这样是没有必要的。每个人都可能喜欢上别人，也可能他就是花心，就是个混蛋。我爸妈也告诉我，一定有更好的人等着我，安慰我说要不要找人揍他一顿……我知道他们都是为我好，不想看到我这个样子，可我就是难过，就是伤心啊！我什么都明白，但这并不能让我好过一些。"

听女孩这么说，我体会到她孤独压抑、无奈无助的心情，不由得也眼中有泪了，我握着她的手说："你说得对，很多时候我们自以为理解别人，其实什么也不理解，就算是理解，也不能感同身受。在对方生病的时候移情别恋，没有预告也没有解释，太伤人了。可是你却无能为力，什么都做不了，只能这么默默挺着，太难了。"

女孩听我说完，伤心地哭起来，过了好一阵儿跟我说："跟你说话真舒服，我就是想这样说一说，哭一哭，但是一直没有哭出来。我知道爸妈很担心我，我不想让他们担心和失望，可是我没有办法控制自己不伤心。"

我对她说："你是个好女孩，你对感情真诚，而且理解伤害你的男孩，也懂得体谅父母。其实你只是需要得到一些理解和放松。有些事真的是没有办法，也许只有时间能帮助你。”

女孩擦干眼泪说：“我知道我会慢慢忘记他，以后我还会喜欢别人，只是现在我特别难过，谢谢你听我说了这么多。”

在我和女孩的交流中，她的情绪慢慢疏解开来。

说起青春期孩子的情感，我们会想当然地认为，他们很幼稚，不懂感情。但也许正是因为他们的经历尚浅，心思单纯，感情才更加真诚、热烈和纯真，而这些恰恰是我们应该予以保护的品质。

像上面这个案例，有时父母给予充分的理解就足够支持到孩子，同时，父母也要相信孩子的智慧。安全、宁静、温暖的环境更能帮助孩子生发本身的智慧，而这个良好的成长环境是需要父母为其打造的。

孩子喜欢上了异性，后期沟通要这样做

在关于早恋的沟通中，父母可以顺势完成对孩子的成长性引导，支持他因为这份纯洁、真诚的情感让自己成为更美好的人。

比如对孩子说：“我女儿喜欢的男孩子，一定有很多优点吧？你发现他有什么不足吗？”以此暗示她审视自己对这个男孩是否真正了解。

再比如说：“每个人都喜欢美好的人。像那些长相漂亮、穿着优雅、举止得体、才华横溢的人总是得到更多人的青睐。也

许有一天，他会因为你的什么喜欢上你，即使不是喜欢，也会因为你的优秀留下美好的印象呢！”以此借机引导孩子因为喜欢一个人而使自己变得更好。

也可以跟孩子分享自己的情感经历，让他认识到更多的可能性。比如说：“我念书时也喜欢过好几个人呢，不过喜欢一阵子之后就发现没有那么喜欢了，可是我喜欢的时候是真心的，不喜欢的时候也是真实的。其实人一生会遇到很多次情感体验，这些都会在人的生命旅途中发生。”

孩子遇到此类事情，很愿意听家长是如何说的。同时，家长朋友大可放心，只要亲子关系良好，孩子身心健康，不必焦虑会发生不好的事情。青春期孩子的情感虽然纯真，但随着时间推移，绝大多数都会自然淡化，父母不需要过多干预。

让孩子感到被允许、被理解、被信任、被尊重，对于他来说就是莫大的支持。如此孩子会保持良好的自尊心水平，也会懂得自爱，并愿意听取父母的意见，虽然他可能经历短暂的情绪波动，但不会轻易陷入一段感情而不能自拔。

这个互动过程很考验父母的耐心和智慧，我相信爸爸妈妈们好好想一想，都可以做得很好。

特别提示

面对孩子的早恋，最重要的是家长要有一个合理的目标。之后再引导孩子在这件事情上有更多的思考和发现，进而调整好情绪和心态。

同时，父母对孩子一方面要给予时间耐心等待，另一方面要想好沟通的引导方向。在沟通中父母可以顺势完成对孩子的成长性引导，支持他因为这份纯洁、真诚的情感让自己成为更美好的人。

第五章

透过现象看本质——源于爱

只要孩子在成长中，问题就会层出不穷。所幸万变不离其宗，抓住本质就不会被问题牵着鼻子走。

第一节
打败家教的不是网游，而是幕后四大“黑手”

知其然，更要知其所以然。当家长了解孩子的网瘾来自哪些因素，就更能理性地看待和处理网瘾问题。

这几年我接触到的亲子个案，普遍都是反映孩子的网瘾问题，尤其是孩子打网游。在当今社会中，孩子的网瘾几乎成为令每个家庭头疼的话题。围绕打网游，家长跟孩子之间经常展开猫和老鼠的斗争。很多家长都尝试过在家里禁网，对孩子严格管控手机、电脑，结果却付出了发生激烈冲突的代价。这种情形令家长左右为难，直呼网络是亲子关系的头号杀手！

看清网络时代的现实性

当我们正视当今这个互联网时代时，会发现使用网络已经是现代生活的必备技能。

在家里，父母当然能没收孩子的手机，切断 Wi-Fi 不准孩子上网。短时间内孩子是没法在家里上网打游戏了，可是他将来势必要生活在这个网络世界中，那时候该怎么办呢？

所以，家长采用粗暴断网的方式，就跟治理黄河水采用硬堵的办法一样，安宁一时换来的却是更凶猛的泛滥。对于孩子的网瘾要多加疏导，如同随着河水的流势善加运用，才能化灾害为造福。

想必家长朋友也同意，网络是让生活便捷的好工具。可是为什么孩子会产生网瘾呢？那些输给网游的家庭教育，原因到底在哪儿呢？

下面，我将从本体能量学的角度，解读孩子迷恋网游到底是怎么一回事。

本体能量学中的本体，指的就是事物本来的样子和变化规律。我所研究的本体能量学，整合了脑神经学、生物化学、运动学、程序学、心理学等学科的精华成果，探索人的心理现象在生理上是如何呈现的。因为这门学科聚焦一个人身心系统最基础、最本质的部分，所以解决问题深入且彻底。目前在国际心理学界，对于身心能力的研究和运用极为广泛。由于本体能量学整合了多学科的研究成果，因此处于飞速发展的前沿位置。

从本体能量学的角度看待什么是“瘾”

我们先了解一下什么是瘾。

生活中我们对瘾这个东西并不陌生，酒瘾、毒瘾、麻将瘾、药瘾，等等。所谓瘾，就是人被浓厚的兴趣所吸引的状态。所以不难理解，有人会对唱戏、工作、集邮、钓鱼、养花、画画、写字等这些事情上瘾。实际上，网瘾跟这些瘾在本质上没有什么区别。

可是为什么会上瘾呢？这个浓厚的兴趣是怎么产生的呢？它有规律吗？如果找到产生浓厚兴趣的规律，是不是就可以减少孩子对网瘾的依赖，继而转为对学习上瘾呢？

是的，如果你这么想就开窍了，这是完全有可能的。

用本体能量学解释就是，当人对某个事物产生浓厚的兴趣时，也就是他的大脑中枢神经受到了刺激时。这个刺激是异于寻常的，会比平常其他事物给当事人的刺激要明显强烈。这个强烈程度就好比你对某个人一见钟情，会不由自主地关注他、被他吸引，满心满眼都是他，以及身心能量会全部朝向他。

我想很多朋友都有过类似的感受，当你喝到一瓶好酒，听到一首好歌，看了一场好戏，受到振奋精神的表扬，你的身体、情绪、思想、行动都可能有明显的变化，这是因为你的身体内发生了一系列复杂的生理和心理变化。

从身体分泌的四种物质了解孩子的“网瘾”

孩子在打网游时，身体可能分泌以下几种物质。当你了解这些物质如何在孩子生理、心理上起作用时，或许你会恍然大悟。

1. 多巴胺

这种物质会让人产生一种快乐的情绪体验。因为快乐，人就会想要不断重复，每次重复都很快乐，由此进入良性循环。人在热恋中是会大量分泌多巴胺的，那份快乐的浓度可想而知。

生活中，你会观察到孩子就是这样。如果今天你表扬他把鞋子摆得很整齐，多半情况，明天他也会把鞋子摆得很整齐，还会拉你过去看。

我女儿小时候，有一天用果脯摆了一个造型让我看，我夸奖她说："你摆得真好看，妈妈很喜欢，我想一定很好吃。"

然后我就拿起一块果脯放进嘴里，摆出一副很享受的样子。结果连着几天女儿都摆不同造型的果脯给我吃，小嘴里还嘟囔着说："这是妈妈的饭后甜品。"

可是我不大喜欢吃这么甜的东西，连吃几天实在不行了，我就对她说："妈妈吃多了甜食胃会不舒服。可是你摆得那么好看，你用画笔画给妈妈看吧。"

果然，之后她就不摆果脯了，改成用画笔去画，不知道这是不是女儿爱上画画的最初动机。

其实不光是孩子会这样，大人也是如此。想想你的母亲，只要你胆敢说哪个菜好吃，她就会天天顿顿每次都给你做这个菜，直到你抗议为止，是不是？

多巴胺让人有被奖赏的快乐感，为了获得它人们愿意不断重复。网游正是利用了这一点，你看哪个游戏里面没有奖励？包括很多大人都喜欢打游戏，其原因就是这个。如果父母吝啬于表扬和奖励孩子，而这些表扬和奖励又是孩子特别在意的，那么孩子就只能通过玩游戏去得到，你觉得孩子更愿意亲近谁呢？

2. 内啡肽

这是会让人感觉痛苦而又能止痛的一种东西，听起来是不是有点变态？可人的身体就是这么神奇。其实很好理解，比如有人喜欢吃辣椒，辣到一边流眼泪一边狂喝冰饮料，还一边狂吃，直呼过瘾！

很多人喜欢体育运动，比如跑步，最开始会觉得很辛苦，喘不上气，脚步沉重，感觉胸口快炸开了，可是坚持一会儿身体就会感觉变得轻松，并伴随有无可名状的快感。

人们在徒步、搞科研、做设计时，包括女性生孩子时，都会分泌内啡肽这种物质。它让人有愉悦感、满足感，还可对抗疼痛、振奋精神、缓解抑郁。

回想一下你爬到山顶一览众山小的感受，想一想产妇辛辛苦苦生完孩子之后露出欣慰的表情，你说内啡肽是不是很重要？

回到游戏中，是不是每款游戏都给玩家设置了障碍，无法通关的时候会让人产生痛苦失落？可是，让人流连忘返的正是所有游戏都有重来的机会，同时也会给玩家以装备和奖励，玩家会更加振作，调集能量再次闯关。在闯关的过程中，多巴胺和内啡肽所释放的快乐和满足感稳稳地牵住了孩子的心。游戏是这样做的，那么家长呢？

当孩子考试成绩不好、比赛落后、挑战失败、在竞争中不如别的孩子时，家长说了什么？做了什么呢？家长何时能像游戏里的设置一样，当孩子沮丧、困顿的时候，仍然向孩子挑起大拇指，欢快地说："你很努力呀！再来一次！Fighting! 加油噢！"恐怕没有几个家长这样做吧？家长不去做，而游戏这样做了，孩子更愿意选择哪一边呢？

3. 催产素

催产素的分泌可以减轻压力，愉悦心情，带来强烈的归属感。在良好的人际关系中，人类体内的催产素含量会高一些。比如爱人之间深情凝视，母亲拥抱孩子等行为，都会有催产素的产生，使你觉得这个关系不仅稳定，而且安全可靠。

在家庭中，如果父母无法让孩子感觉到归属感，而孩子的内在又特别需要，并在玩电子游戏的时候感受到了，久而久之会发生什么呢？可想而知。

4. 血清素

血清素是让人镇定的物质，它能减少急躁情绪，带来愉悦感和幸福感。当身体分泌血清素时，人的皮质脑功能可以很好地发挥。通俗来说，人的大脑中有个脑区叫皮质脑，其功能包括逻辑、语言、空间识别、策划、分析、认知等，这些恰恰是孩子学习时需要的能力。如果血清素分泌不够，皮质脑功能受到抑制，孩子学习时就会很吃力，学习效果也不好。

孩子内心需要的平静和愉悦，只要打开游戏就可以体验到。可是回到家里面，孩子有可能要面对的是父母的批评、指责、控制、干涉，父母之间的争吵、冷漠、敌对。还有父母焦虑着急的时候，无节制地释放不良情绪，或者拿自己的孩子跟其他孩子比较……想想哪一样是有利于孩子血清素分泌的呢？

青少年网瘾的四大成因

第一，**据调查分析，青少年网瘾有着共同的家庭背景特征。**那就是家庭关系不好，尤其是亲子关系不好。有的家庭表面看起来挺不错，深究一下其实千疮百孔，而孩子是最清醒的知情人。

第二，**在网络虚拟世界和现实世界中，孩子内心的自我形象是不统一的，存在反差很大甚至完全不同的两个自我。**比如，现实中父母吵架、离异，孩子很想为父母做点什么，可是却做不到，就会很无力，同时对自己很失望，对父母的爱也很难表达。亲子关系中，父母往往是强势的一方，若父母发挥这种强势，孩子就无法取得主动权，没有力量感和尊严感，也得不到应有的理解、接纳和尊重，这会让孩子觉得自己不够好，不值得被爱。

跟现实相比，网络世界中的情形明显不同。玩家只要努力就会有回报，即便做得不好也会被鼓励，只要愿意做就永远有机会。玩游戏本来就是孩子的天性，又被给予那么大的空间，那他更是要到网游中去寻找在现实里无法让自己绽放光辉的自我。

第三，**孩子在真实生活里无法得到的成长感受，比如成就感、喜悦感，在虚拟世界里都能得到极大的满足。**生命的发展是需要动力的，生命个体携带的成长密码在孩子的身体里一直存在，他们成长的能量需要有释放的出口。而网游恰恰提供了这个出口：能积分，能增值，能升级，能闯关……这些虚拟的成长，营造了虚拟的成长感，让孩子觉得自己很聪明，很强大，并且有掌控感，而这正是他在真实生活中得不到的。

不瞒大家说，我女儿曾经也很迷恋网游。有时候她放学回到家已经很晚了，我看着都心疼，允许她可以不洗脸、不刷牙，直接上床睡觉，她却告诉我说："我还没签到呢。"

我知道她说的是网游签到，就对她说："没签就没签，明天再签，现在睡觉。"

她着急地说："明天就不算了呀！"

她困得眼睛都快眯成缝了，硬撑着还要坚持上网签到。我没有强行阻止，因为当时我没有找到更好的平衡来引导女儿。经过深刻的反思我意识到，谁说孩子半途而废没有意志力？谁说孩子要死不活不懂坚持？而之所以签到能让她那么上心，是因为她签到就能加分，能保持级别，能在团队里不被边缘化。而这些，更应该是我这个母亲给她的啊！

第四、**青少年都需要肯定，因为被肯定是孩子自信的来源。**说起来，打网游是有一定难度的。具体要如何通关，网游里有清晰的指引。只要玩家按照指引去做就会收到积极回应，比如"你好棒哦！""你真厉害！""加油！"，等等，升级过关时还有奖励，这些回应和反馈让孩子感到自己是有能力的。

可以说网游设计者很清楚上网者的需求，不绕弯子、变着花样地满足，还让人感觉是通过自己努力得到的。在这个过程中，多巴胺、内啡肽、催产素、血清素大量分泌，在孩子的身体里留下了真实的感受，等于在他们的潜意识里留下了很深的痕迹，就好像你学会了开车，不管多久没开，只要手一搭在方向盘上，开车模式就会自然启动。

家长朋友，我想你已经明白了孩子为什么会喜欢网游。其实，沉迷于网游只是表象，孩子不过是在那里面逃避现实，弥补在现实中未曾得到满足的心理需求罢了。如果没有网游，孩子一样会找到其他替代品，就如同我们当年迷恋爬树、看小人书、打弹珠一样，这就是孩子迷恋网游的本体真相。

其实孩子非常清楚迷恋网游的影响。没有哪个孩子不想有好成绩，不想被同伴羡慕、被老师表扬、被家长认可。对孩子来说，父母的肯定、鼓励、奖赏，以及被父母引领去克服困难的成就感、被接纳和爱的归属感、家庭的和谐与安宁，是非常重要的。但当孩子需要这些的时候，他去哪儿才能得到呢？

家长朋友，我们一定要认识清楚，孩子迷恋网游不是真正的问题，而是家庭关系尤其是亲子关系问题的综合反应。这需要家长系统、完整地调整家教方式。从源头做起，不提供问题滋生的环境，那些所谓的问题也就不会破土发芽，更不会结出偏离教育方向的果实。

特别提示

孩子的瘾不是一天两天形成的。当家长真正搞清楚孩子为何迷恋网游，对症下药，缺啥补啥，解除孩子的网瘾也就指日可待了。

第二节
正视孩子的网瘾，才能有效帮助他

有些家长一味想要切断孩子的网瘾，殊不知在这之前还需要建立一个新的平衡。这样不仅可以收获好的效果，还可以让孩子的行为得以自然而然地过渡。

既然孩子的网瘾是由家庭问题引起的，那有没有更具体的措施来应对呢？当然有，现在我们就来谈谈当孩子沉迷于网络，家长应该怎么办。

解除网瘾需要打破旧平衡，建立新平衡

我们先设想这样一个场景，有一个瘸腿人，他长期拄着一根拐杖走路。可是这根拐杖的质量很不好，不仅导致他行走艰难，姿势难看，久而久之还可能造成拄拐那只手的损伤，那么这根拐杖还要不要继续保留呢？

很多人会认为当然应该换掉这根拐杖，可是换什么来帮助

这个人走路呢？由于瘸腿人已经习惯使用这根拐杖，对其形成依赖，如果你要对他进行劝说，那么如何说和做，他才愿意听取你的意见更换这根拐杖，尝试别的工具呢？

其实，这个瘸腿人好比出了问题的孩子，拐杖就好比网瘾，虽然这个拐杖不够好，可是至少能帮助瘸腿人保持平衡和行走。拐杖目前所起的作用决定了它不会被轻易放弃，这个事实家长要认清。

有的家长走过去直接对孩子说：这根拐杖有多么不好，它会害了你，你不该用它。然后一把就将拐杖拽掉了。之后会发生什么呢？瘸腿人会立刻摔倒在地。质量不好的拐杖是不会再用了，可是路也没法走了。

孩子依赖网瘾，是建立了不好的平衡，要想打破这个旧平衡，就需要建立一个新的平衡。假如新的工具让孩子感觉更轻便、更好用，不仅能帮助其好好走路，更能让瘸腿康复，他当然愿意放下旧的拐杖。

所以只要建立一个新平衡，旧平衡自然就会被打破！

针对孩子网瘾，家长要这样做

面对这些复杂的情况，家长要怎么办？给大家四条建议，坚持做必有效果。

第一，增强孩子内心的力量。解除网瘾需要意志力，而这份力量更多来自父亲。所以父亲要多介入孩子行为养成方面的教育，多去肯定、理解、指导孩子。假如孩子身处离异家庭或父亲因为某些原因长期缺位，母亲多肯定孩子也是很好的。肯定不同于表扬和赞美，肯定是实事求是地说出一个事实。

比如孩子学骑自行车，摔倒了好几次，你说：“你真勇敢。”这是赞美。

你说：“你真棒！我都做不到这么好。”这是表扬。

而你说：“我看到你摔倒了几次都没有放弃，一直在尝试，这很难得。”这是肯定。

如果你说：“你这样坚持下去一定能学会。”这就是鼓励了。

第二，创造机会让孩子参与多样化的活动。比如做家务、外出购物等。另外还可以增加一些趣味互动性活动，比如让孩子帮助父母完成一些工作并给予奖励，旅游时让孩子做攻略，一起挑选聚餐的地点，做运动，看电影，和孩子敞开心扉地聊天等。

第三，创造有利于亲子关系的良好感觉。这对于改善亲子关系特别重要，比如增加日常生活的仪式感，包括母亲节、父亲节、孩子生日、重要节气这些节点，都是很好的增进亲子感情的时机。

给大家讲讲我是怎么做的。

在我女儿刚遇到生理期时，我带她去超市购买女性用品。因为女儿是第一次面对这些，因此在琳琅满目的护理用品面前不知道该怎么选。我陪着她一起挑选，鼓励她多买几种回去试，这样才知道哪一种最适合自己。

我特别告诉她，你值得用最好的，最好的就是让你感觉最舒适的。照顾好自己，这是你的责任，也是你的权利。

在女儿12岁生日时，我特意带她去商场挑选漂亮的内衣，并且包装得很精美送给她。我告诉她内衣是为自己穿的，因为穿在身上舒不舒服只有自己知道。

我也会带她去吃西餐，听音乐会，给她讲不同场合所需的礼仪，这些时候她都不会看手机。因为这些内容关乎她的成长需要，她很感兴趣，又感到被尊重，所以她也会表现得更成熟懂事，青春期的孩子非常在乎别人怎么看自己，以及自己内心的体验。

第四，运用有效沟通帮助孩子确立未来目标，再根据目标制定行动计划。这个过程可能无法一次完成，但是可以在每次沟通中探索完善。比如孩子喜欢画画，未来有哪些职业跟画画有关，孩子可能在哪些与画画有关的领域取得成就？父母若不知道，可以咨询朋友、同学中的专业人士，带孩子与行内人交流，也可以让孩子向在这方面有所成就的哥哥姐姐们学习。

我女儿在玩Cosplay的圈里就认识了成绩很好的牛津大学、哥伦比亚大学的小姐姐。女儿告诉我说Cosplay不会影响学习，她们都做到了，也告诉我小姐姐给她分享了学习数学的经验，这些对孩子都有很正面的影响。

孩子与父母之间的隔阂不是一两天就能消除的。家长们先行动起来，带着实践的真实体验来谈如何让亲子关系变得更好，才是有意义的。与其坐以论道，不如起而行之。以父母对孩子的深爱为动力，变四大幕后黑手为四大给力朋友，陪伴孩子逐步扔掉糟糕的拐杖，在人生的道路上稳稳行走，直至健步如飞吧！

特别提示

孩子的网瘾并不可怕，家长只要掌握了正确的方法，加以科学的引导，顺势而为，肯定会有好的效果。

第一，增强孩子内心的力量，这是利于孩子达至目标很重要的原动力。

第二，创造机会让孩子参与多样化的活动。

第三，创造有利于亲子关系的良好感觉。

第四，运用有效沟通帮助孩子确立未来目标，再根据目标制定行动计划。

第三节

面对校园霸凌，你的孩子真的准备好了吗？

> 校园霸凌不是孩子成长过程中受到欺负这样的小事，它可能对受霸凌者的一生产生负面影响。身为父母，我们必须高度重视起来！

曾经有家长问我，她的孩子被班上一群同学长期叫贬低性外号，算不算受到校园霸凌；也有的家长问我该不该教孩子被打了之后打回去；更有甚者问我，如何教育孩子对打过他耳光的同学，报以宽容和放下……

家长朋友们，你足够了解孩子在校的情况吗？你知道孩子的人际关系状况吗？你的孩子是否遇到过在学校被欺负的情况？你是否知道校园霸凌事件的发生率有多高？你是否了解被欺凌对孩子成长的影响呢？目睹校园霸凌，对孩子有哪些伤害？怎样培养孩子应对被欺凌呢？

校园霸凌对当事人的影响

校园霸凌，是指未成年人之间不平等的欺凌与压迫。它长期存在于校园中，包括肢体或言语的攻击、人际互动中的抗拒及排挤，也包括对别人的性特征或身体部位的嘲讽、评论或讥笑。在中国，成年人通常将此类现象看作小孩子的不懂事而模糊化。而在国外，世界上许多国家和地区针对校园霸凌进行了专门立法，构建了规范的处理机制，加强了相关惩戒措施。

从 2001 年开始，法国、挪威、英国、日本等国家或是启用校园霸凌监测软件，或是发表《反欺凌宣言》和《反欺凌行动宪章》，并责令多数中小学制定了专门针对欺凌的措施。对学生欺凌和暴力实行“零容忍方案”。

在我国，北京、广东、天津等地也开始治理校园欺凌现象。但是，大量未进入司法程序的校园霸凌事件无法统计，因为针对青少年殴打、凌辱等轻伤害难以追究刑事责任，只能交由教育部门处理。

虽然校园霸凌这个词是最近几年才出现的，但我相信家长朋友对其并不陌生。在我们成长的时代，可能很多人都遭遇过，那时候的感受或许在今天还记忆犹新。家长有没有想过，遭遇霸凌行为，对成长中孩子的身心和之后的发展会有哪些危害呢？

我们先看看国外在这方面的研究：

2014年,《美国精神病学杂志》发布的一项研究发现，童年时遭受的霸凌，其影响可能会从青春期和青年时期一直持续到中年。

同年，一项研究发现，被欺凌的儿童感染炎症的可能性明显高于正常的孩子，并且可能持续到成年期。

研究结果表明，童年时期曾被欺凌过的孩子，人生中会遇到更多的问题，并且他们更容易出现抑郁、焦虑和自杀风险。其认知功能在50岁之后也会表现较差，霸凌所造成的心理和认知影响，在40年之后仍然会持续影响他们的生活。

由于青少年和儿童在自控力、道德观、心智认知等方面不成熟，使之对受到的负面影响记忆深刻。

霸凌行为就像一个感染源一样，任何与之相关的人都会受到影响。其不仅会对被霸凌者造成伤害，对欺凌者和旁观者同样也会造成伤害。

霸凌者常常是身心有缺陷的孩子，以欺负别人来得到内心满足，长此以往会造成他以自我为中心、冷漠无情、对别人的痛苦缺乏感知力的反社会人格特征。

而旁观者目睹了霸凌发生的过程，也会因为帮不到受害者而感到内疚、不安，甚至惶恐，同时他会将自己代入被霸凌者，那份惊吓可能会造成替代性创伤，形成跟受害者类似的症状。

校园欺凌对受害者的伤害更加严重，不仅对其身体和心灵造成双重创伤，留下阴影，长期难以平复。同时会导致受害者对自己当下的生活不满意，对未来也更为悲观。

在我处理的创伤个案中，不乏成年后仍然难以释怀年幼时受欺凌的案例。这些经历造成当事人在成年后出现情绪障碍、睡眠障碍、思维障碍等，造成恋爱婚姻、职场发展、人际关系等方面的困难。

在我心理学课程的学员群里，曾经有人发进来一个校园霸凌的视频。视频里一个女孩被几个同龄人围殴，场面触目惊心。家长们看后气愤难平，纷纷热议，说起了自己或者孩子的经历，表示至今仍然很困惑当时的事件应该如何处理，还有的家长被引发了曾经的创伤，出现流泪、发抖的情况甚至号啕大哭，我不得不做了紧急干预，同时这个现象也引发了我的深思。

当一个人遭受到霸凌伤害，后续可能会带来持续一生的受害循环，几乎影响到受害者生活的所有领域。

就好比如果有个人打破了一栋建筑的窗户玻璃，而这扇窗户没有得到及时的维修，那么就可能使某些人受到暗示性的纵容，而去打烂更多的窗户，这就是犯罪心理学所说的“破窗效应”理论。如果受霸凌者没有得到及时的关注和保护，霸凌者没有得到应有的惩罚，那么就有可能诱使人们效仿，甚至变本加厉。

霸凌对受害者所造成的压力，可能影响到支配应激反应、情绪和环境敏感性的激素以及大脑分泌的化学物质。当孩子出现的这些征兆没有被及时治疗，长大后可能会成为抑郁或焦虑的来源。

避免孩子遭遇校园霸凌，父母提前要做的五件事

在校园霸凌中，不是造成人身伤害才算严重。它对当事人心灵的伤害往往被轻视甚至忽略了。很多家长不懂得如何处理这样的情况，与此同时，它却随时可能发生，而我们的孩子可能就是受害者。那么，我们应该如何帮助孩子应对此类情况呢？

1. 父母一定要跟孩子建立良好的亲子关系和沟通模式，养成沟通习惯

这是头等重要的大事。对于青春期的孩子，他们的道德价值观尚处在重要的发展阶段，真正的人生经历还很浅，非常需要父母的正面引导和支持。

只有当父母与孩子之间拥有良好的亲子关系，孩子才会信任父母，才会愿意告诉父母发生了什么事，并说出自己的感受。父母千万不要让自己变成最后一个知道孩子发生了什么事的人。

我女儿上初一的时候，有次我接她放学，她告诉我中午在学校食堂吃饭的时候，隔壁班的一个女孩子过来，当众打了她班上一个男生的耳光。

然后我问女儿对这件事的感受，她说当时懵了一下，没反应过来。后来感到很气愤，也对男同学的好友都不上去帮忙感到失望，再后来又说她对班主任处理这件事的态度感到满意。

我和女儿就这样聊起来。

我问女儿："假如挨打的是你，你会怎么做？"

她说："我肯定要还手的。"

就这样一件事，我们聊了很多，包括班上其他同学对这件事的反应和看法，还有对于女儿宿舍里一些爱欺负人、占便宜的女生，平时应该怎么和她们相处，等等。

像这样，让孩子养成遇事交流的习惯非常重要，如果他什么都不说，父母就会错过教育和引导的时机。

2. 在家里要允许孩子反驳父母，培养孩子独立的人格

试想一下，如果一个人在家是小绵羊，不可能出门变成猛虎。父母要允许孩子反驳自己，当然重要的是给予孩子使用力量的空间，而不是允许他任性胡闹，不尊重父母。如果孩子表达得不够好，父母可以对其进行恰当地引导，同时允许他有不同的观点，这样做能帮助孩子拥有并感受到内心的力量，当他遇到欺凌，才能调用内心的那份力量去勇敢面对。

我曾经就校园霸凌的问题跟我女儿聊过，我问她："假如被几个人围着打，你会不会反抗！"

女儿思考了一下，说："我会不会反抗，取决于你平时允不允许我反抗。"

我当时冷汗都要下来了，很不安地说："那你觉得妈妈做得怎样呢？"

女儿淡定地回答："还可以吧。"

我心中的石头这才落了地。

"我会不会反抗，取决于你平时允不允许我反抗。"这句话至今令我难忘。想想很有道理啊，从孩子平时在家跟父母互动的表现，可以预估出他遇到校园霸凌时会做出何种反应。

3. 父亲多给予孩子肯定和鼓励，母亲多给予孩子接纳和宽容

父亲的爱能给予孩子力量。当孩子得到父亲充分的肯定和鼓励，就会对自己充满信心，其内在力量就能够表达出来。即使深陷恐惧，他也能带着勇敢迎接挑战。这份力量在面对霸凌的时候，能给予孩子非常关键的支持。

接纳和宽容属于母性特征的能量。感受到母亲充分爱的孩子，对待他人的冒犯无礼不会过于计较，并且能够大度地处理矛盾冲突。这会使孩子的人际关系良好，不容易遇到霸凌事件。

国外研究发现，除了体型、长相、个头等外貌因素之外，个性孤僻、害羞、胆小、自卑的孩子更容易被欺负。在家里被压制和严苛对待的孩子，身上似乎带着吸引别人欺负他的气质。孩子带有怎样的气质与家庭教育密不可分。

4. 当孩子遇到矛盾冲突，家长一定要充分理解孩子的感受

没有情感的教育，是一柄伤人的利剑。

曾经有个妈妈打电话跟我说，她无意中看到儿子的日记，才知道一个月前孩子在厕所里被班里几个男孩子按在地上打。起因是 8 岁的儿子被老师任命为体育委员，在带领大家放学排队时有几个男同学不好好排队，发生了争吵。之后，老师不但

没有有效解决打人事件，还觉得她儿子不能团结同学，罢免了他的体育委员职务。于是，这个妈妈忧心忡忡地来问我如何能让孩子与同学搞好关系，不再发生打架事件。

我听到这个妈妈的问题之后，让她做了一件事。我让这位妈妈拿着电话去家里的卫生间，趴在地上。她开始不愿意，但后来还是出于信任我侧躺在地上。我叫她把大洗澡盆扣在身上，体会有人压着她的感觉，想象有几个人摁住她，打她。开始她没有发出声音，努力地找感觉，没过一会儿就伤心地哭了，那个时候她才明白儿子被几个人摁在学校厕所地上打到底是什么滋味。

她哭着说："老师，我儿子当时一个人，他得多害怕，多孤独啊！"

我回应她说："现在我叫你去跟打你的人搞好关系，你愿意吗？"

她回答："不愿意！"

我说："可你却是这样教育你儿子的。现在你能明白儿子当时的心情吗？这件事都发生一个多月了，儿子回家都没有对父母提起过，只是写在日记里，你想想到底是为什么？"

这个妈妈和她的先生一直都是所谓品学兼优的乖孩子，青春期都没逆反过，更没打过架。很多家长都是这样，在乎"好孩子"的面具比真实感受更多，所以无法真正理解孩子，亲子关系表面看起来和谐平静，事实上却很疏远。

5. 父母可以跟孩子就霸凌场景进行模拟推演，以此锻炼孩子的应对能力

这种应对能力不是简单通过语言传达孩子就能学会的，是需要花时间培养的。

我曾经跟女儿探讨过很多热点新闻。比如，让女儿知道成年人向学生求助是不合常理的情况。这个讨论后来发挥了作用，让女儿在高中时坐高铁回家的路上，识别并拒绝了一个骗子向她发出的求助。这些生活常识对孩子来说非常重要，关键时刻能帮到他们。

在我跟女儿讨论校园霸凌的时候，女儿说："我又不傻，为什么要跟几个人去僻静的地方。要说事就在人多的地方说，我要是发觉不对劲肯定会跑，怎么可能站在那里任人打！"

我告诉她说："如果发生这种事情，万一你实在跑不掉，不要同时对抗几个人。集中力量对抗一个人，或许有机会震慑其他帮凶。"

在人际冲突方面，我跟女儿的交流比较多。我还教育女儿，平时如何与人为善，正常的界限和分寸在哪里，发生了冲突应该怎么处理，不同的情况应该如何应对，遇到事情要怎么跟老师和家长说……这些都是青春期孩子应该学习的。

家长朋友，孩子的成长就跟庄稼一样会遇到病虫害，我们不但要帮孩子早预防，最重要的是要成为孩子遇到挑战时的依靠和助力。

特别提示

校园霸凌事件令人心痛。如何让孩子不成为被霸凌者，同时也不成为霸凌别人的人，家长需要提前做这五件事：

首先，父母一定要跟孩子建立良好的亲子关系和沟通模式，养成沟通习惯。

其次，在家里要允许孩子反驳父母，培养孩子独立的人格。

第三，父亲多给予孩子肯定和鼓励，母亲多给予孩子接纳和宽容。

第四，当孩子遇到矛盾冲突，家长一定要充分理解孩子的感受。

第五，父母可以跟孩子就霸凌场景进行模拟推演，以此锻炼孩子的应对能力。

第四节
孩子“偷”东西的背后
——那些父母不知道的秘密！

孩子“偷东西”很容易被人们冠以各种评判性的标签。若是对这种行为不做深入了解，很可能会对孩子造成进一步的伤害。

人们普遍认为青春期是孩子最难管教的阶段，事实也的确是这样。难管教的原因，并不是青春期的孩子问题太多、个性太叛逆，而是父母对孩子出现的问题缺乏深入的认识，无法准确解读孩子言行背后的心理需求，导致其不知如何去解决和处理这些问题。

“偷”背后的原因不简单

有这样一个案例：一位妈妈发现青春期的女儿不止一次“偷”拿家里的钱，因此感到非常焦虑，她问我出现这么严重的情况应该怎么办。

我问她："为什么你认为这是个严重的情况？"

她不解地说："偷东西是道德品质问题，难道这还不严重吗？"

为什么家长会有这样的反应？因为在人们的认知里，普遍认为偷东西是道德品质问题，但真的是这样吗？家长们是否想过，有没有可能孩子偷东西不是道德品质问题，而是其他的问题呢？

接下来，让我们深入了解孩子"偷"东西背后不为家长所知的秘密。

何谓"偷"？不告而取则为偷。可是孩子为什么会不告而取呢？假如是你，在什么情况下会这样做？当你这样做，内心的感受是怎样的？

现在我们来从这个案例中寻找答案，其基本情况是这样的——

这位妈妈跟先生是再婚家庭，先生带着女儿，她带着儿子结合在一起。结婚后两人又生了一个女儿，于是先生的女儿成为家里的老大，今年16岁。她和先生已经不止一次发现大女儿偷拿家里的钱，还拿妹妹的东西。先生对此严厉批评过，还动手打过大女儿，但是没过多久这种情况又会出现。夫妻二人对孩子的屡教不改很是头疼。这次又发现大女儿偷拿妹妹的零花钱，继母决定暂时不告诉先生。这位妈妈通过学习，意识到过去对大女儿的教育方式有些不妥，担心先生知道后又打孩子，所以来请教我应该怎么办。

偷东西当然不符合大众认可的正当的行为标准，但我们也很少深入去想，一旦认定孩子“偷”东西是道德品质问题，就无法再看到其他的可能性。

父母是否想过孩子为什么要这样做？是什么造成这种情况发生？孩子的这种行为说明了什么？又满足了其怎样的心理需求？更多时候，我们为了证明自己的道德清白，只是带着厌恶和排斥，严厉地批评甚至打骂孩子，是不是这样呢？

孩子“偷”东西可能的原因

搞清楚问题背后的原因对解决问题非常重要。以前面的个案为例，一般来说，造成孩子“偷”东西的原因主要有三个：

1. 没有合理数目的零花钱

所谓合理的零花钱数目，跟孩子的家庭条件、年龄、同伴情况以及常用消费等因素有关，需要父母做综合考量。比如，孩子大了，消费项目就会多一些，孩子有时跟同学吃饭、看电影，有时想买自己喜欢的某个东西，这时就会用到零用钱。

有些父母强调节俭、不攀比，这个出发点是对的。但如果孩子周围的同学都有某个物品，就他没有，他会如何看待自己，同时会怎么想呢？或者他的同学、朋友请了他吃饭，他要不要回请？如果父母对这些一律不看不听，没有了解过，也不去引导他，孩子自己又没有能力解决，其实是变相地把孩子从群体中孤立出来。这种滋味让人很不好受，也不利于孩子性格的发展和培养。

那位求助的继母说家里经济条件挺好的，给大女儿的零花钱也足够，如此就可以先排除这个原因。

2. 歪曲的愤怒和反抗

在这个案例中，继母说到女儿的爸爸对孩子管教严格，加上平时工作忙，很少和孩子沟通，女儿有点怕爸爸，关系有些疏远，倒是跟继母更亲近些。

如果父母对孩子的管教过于严苛，孩子的内心就会处于高度紧张，而且敢怒不敢言。他会隐秘地做一些与父母的要求背道而驰的行为，来释放对父母的攻击，以此表达其内心的愤怒和反抗，从而达到心理平衡。

无论年龄大小，孩子都有可能会出现“偷”东西的行为，有的还会持续到成年。很多家长想不通，孩子明明不缺钱，为什么要去“偷”？其原因就在于他要发泄，“偷”完之后有种报复得逞的快感，心里感觉会舒服些。

被这种心理动力驱使的孩子，会有意无意让父母发现他“偷”东西，致使父母发怒，进而惩罚自己。这时他内心既会感到害怕，还会有些许欣慰感。这是他的愤怒得以表达之后的暂时满足。然后孩子在生活中的愤怒又不断积累，到忍不住的时候又去“偷”，如此周而复始，陷入恶性循环。

3. 内心缺爱，需要弥补

如果孩子感到不被父母关爱，他的内心就会陷入空虚，需要拥有感来填补。无法拥有爱，拥有某些有象征意义的物品也是好的。钱是很具有父母支配特性的东西，包括一些贵重的物品，孩子把它“偷”走，好像是一个获得的仪式，在内心仿佛拥有了父母的一部分。

当我谈到这些的时候，这位继母深有认同，说：“大女儿跟她亲生母亲的关系一直都不太好，孩子感觉很受伤。所以我想弥补孩子缺失的母爱，但确实我无法替代她的亲生母亲。”

我补充说：“本来孩子就缺少母爱，父亲对她又很严厉，她内心是不是很孤独？她看着你对她弟弟好，会不会羡慕弟弟有亲妈的爱，加上后来你和她父亲又有了一个孩子，会不会让她感到更加失落呢？”

这位继母惊呼：“老师，你说得太对了！真是这样！好几次她都是只拿妹妹的钱和东西，从来不拿弟弟的，是不是因为她觉得妹妹得到了爸爸妈妈的爱，而她和弟弟都没有得到完整的父母之爱呢？”

我说：“我不确定。但你可以跟你先生谈谈，是时候要做些改变了。”

其实，我女儿在小学时也曾拿过我的钱，我个人从来不喜欢用“偷”这个字来描述孩子的行为，因为孩子承担不起这份重量。

当时父母跟我们住在一起，母亲说：“你把包拿到你的房间里去，不要到处放，免得她又偷你的钱。”

我听了很难受，当即表态说：“不，妈妈，我不想我的女儿在自己家里还被当小偷一样防着，这也是她的家啊！她可以用我的钱，并且不需要这么辛苦才能得到。”

我把女儿找来，告诉她我知道她拿了我的钱，女儿非常紧张，手紧紧地揪着裤子，眼睛不敢看我。我把她抱在怀里说：“你是个好孩子，妈妈可能工作太忙了，疏忽了你现在也需要一些零花钱，对不起。你可以用妈妈的钱，多少都可以，只要是合理的，妈妈一定给你。不过你要让妈妈知道，这样妈妈可以教你如何花钱，而且你还会得到奖励，你觉得这样好吗？”女儿听完之后，开始吧嗒吧嗒地掉眼泪，搂着我的脖子答应了。

我说到做到，从那之后女儿无论要什么，只要她能提出三个理由，我一般都会满足她，慢慢地她就敢于正面表达了。我也改变了对她的严格，注重让女儿感受到妈妈的爱，女儿也再没有拿过我的钱。她需要什么都会告诉我，并且也不会提过分的要求，平时我经常出差，一般都会在家里放一点现金让她需要时自己拿，女儿基本没有动用过，包括现在她长大了，有时我主动给她钱，她会说：“不用，我还有。”

三招搞定孩子“偷”拿东西

对于孩子“偷”拿东西，只要找准原因，方法正确，是完全可以解决的。

1. 保持冷静，了解原因

偷东西的行为当然是不对的，可如果只停留在是非对错的层面就无法触及孩子的心灵。父母要冷静、详细地了解事情的经过，创造尊重、理解、宽松的谈话氛围，观察、了解孩子的思想和心态，切不可气急攻心、粗暴对待，更不可以人身攻击，使孩子内心更加愤恨，从而给问题解决造成更大障碍。

2. 针对原因，对症下药

（1）定期给孩子合理数目的零花钱

定期，指可以让孩子有心理预期，而不是感觉给零花钱毫无规则，全凭父母控制；合理，指跟孩子共同商定，达成一致意见。这两点对于青春期的孩子很重要。孩子感到被父母充分信任、尊重，有足够的爱，是不会对金钱有过分需求的。

同时父母要注重培养孩子正确的金钱观，让孩子懂得金钱是为人服务的，是成就和支持人的，应尊重和珍惜金钱，养成理性消费、管好财物的好习惯。

（2）改变严苛的家教方式

父母要注重跟孩子的情感交流，建立良好的亲子关系，让家庭氛围和谐、愉快。这样孩子在家里就会感到很放松，被给予了足够的空间，能够畅所欲言，所以不需要去做隐秘的事歪曲表达内心的想法。

（3）给予孩子充分的理解包容

有些孩子觉得父母不爱自己是因为自己不够好，所以心里很失落。他非常需要父母的爱，却不能理直气壮地表达。这会造成以下情况，比如在商场，他可能趁人不注意去拿吃的或者用的东西，眼神躲闪、行为鬼祟。如果发现你在看他，就会跑开或者装作若无其事，一副羞愧的样子。当你问他的时候，他可能表现得乖巧懂事，也可能用撒谎来证明自己是个好孩子。他还可能用你刚好能听见的音量说：“这个东西怎么这么贵。”也可能会试探你，说：我本来想跟我同学一起买个什么，不过觉得太贵就算了，等等。

其实这是孩子内心觉得自己不够好，不配拥有，或者认为父母不会同意，所以不敢正面说。

3. 充分给予爱，防患于未然

父母陪伴孩子成长，正确处理孩子出现的各种问题，会让人懂得什么才是父母给予孩子真正的爱，它是超越所有金钱和物质的精神食粮，滋养着孩子的心灵。只要心灵不匮乏，就不会有什么能够动摇孩子纯净的心。我想我能做到的，所有父母都能做到。

我们不要把“偷”东西这类问题当成孩子一个人的错误，而是要把它当成无声的表达，来听懂孩子心灵的呼声。家长朋友，让我们对孩子的教育更符合人性，更能支持孩子成长为一个健康的、合格的、堂堂正正的人！

特别提示

面对孩子“偷”东西的行为家长必然上火，但只是干着急并不能解决问题，可以从以下三点着手干预：

1. 保持冷静，了解原因。

2. 针对原因，对症下药。

（1）定期给孩子合理数目的零花钱。

（2）改变严苛的家教方式。

（3）给予孩子充分的理解包容。

3. 充分给予爱，防患于未然。

第五节
孩子爱磨蹭，到底啥原因？应该怎么办？

无论大人还是孩子，拖延都不是好习惯。越是催得紧越是拖延，显然不符合逻辑，背后一定有其深层原因。

何为拖延症

对于拖延症，目前心理学界没有明确的界定标准。一般来说是指非必要、后果有害的推迟行为。它被普遍认为是内心自我调节的失败。在能够预料后果有害的情况下，仍然把计划要做的事情往后推迟，情况严重或经常拖延的行为的确跟深层的心理问题有关。

家长关注孩子的拖延行为并无不妥，但是一个未成年孩子爱磨蹭行为的背后往往是出现了他自己无法解决的问题，这一点需要得到家长的理解和帮助。

很多家长对孩子的磨蹭采取了措施，催促、约定和惩罚是最常见的方式，但是效果往往不是很好，甚至不少家长到最后耐心尽失，对孩子大发雷霆。然而，这种方式会对彼此造成伤害，不仅家长感觉很生气，孩子最终跟父母也会疏离，导致其拖延的症状愈发严重。

孩子爱磨蹭的原因

为什么家长采取的这些措施没有效果呢？我们来分析下孩子磨蹭背后的心理原因，大家就明白了。通常孩子爱磨蹭跟这几类原因有关。

1. 家长自身有拖延行为

这是很多家长容易忽略的一点。成年人或多或少都有拖延心理和拖延行为，特别是面对工作和生活中一些不想面对的问题时，有时候心里很纠结，不自觉地就在逃避和拖延。所谓言传身教、耳濡目染，如果家长有拖延的习惯，那么孩子一般也很爱磨蹭。孩子下意识地使用了同样的方式，将父母的内心反映出来。

2. 孩子对该做的事有抵触情绪

其实，孩子并非不知道磨蹭带来的后果，但他还是会拖拖拉拉，为什么会这样呢？有可能因为他对要做的事没有兴趣，事情来得太快太多让他有压力，遇到困难不知如何解决等。大家想象一下，这些情况下是不是越催促，孩子越不想做？

3. 孩子用磨蹭对父母表达反抗

如果父母对孩子要求太严格，态度很严厉，孩子不敢正面表达不满和反抗，那么他可能倾向于用一种能激怒父母的方式来表达自己的情绪。孩子知道父母讨厌他磨蹭，他一磨蹭父母就会生气，这份生气是对孩子磨蹭的反馈，慢慢地他对父母就形成了下意识的歪曲反抗模式。

4. 家长平时的包办代替太多

一些父母性子比较急，看不惯孩子慢腾腾，有时也因为时间比较紧，故而直接上手，帮孩子收拾书包，准备学习资料，风风火火接送孩子上下学。也有些家长觉得孩子只要管好学习就行了，不要因为做其他事情耽误了学习，于是家长大包大揽了本来该孩子自己做的事。这些都可能造成孩子平时锻炼的机会太少，也会让他觉得反正有人给他收拾摊子，承担后果，他不需要做好自己的事，对不对？

以上四类原因家长可以对号入座。假如这些原因真的存在，家长朋友请想一想，我们是不是常常把孩子磨蹭当成了他的缺点，但哪一个原因是孩子凭一己之力就能够解决的呢？所以，家长不要只做挑毛病的监工，而是要做孩子的同盟军和引领者，引导和帮助孩子跨越障碍，解决问题。

解决孩子拖延的“七种武器”

1. 放下完美，允许孩子在做中学习

对孩子严格要求是为孩子好，这个出发点本没有错，可是如果要求过度，就会适得其反。

秉持“事无巨细，追求完美”的想法，就需要在做事情之前，把每个细节都想好才行动，这种思维模式本身就会造成拖延。试想，谁能完全预见做事过程中会发生的所有事？很多能力的提升，是不是在做的过程中和之后反思领悟中得到的呢？比如学习骑自行车、游泳、做饭，包括小孩子学走路、写字，哪一个不是在做中学、在错中进步的呢？

如果家长对孩子要求过高、过于严厉，孩子就会害怕犯错误，他下意识地就会逃避做事情，因为不做就不会错。实在要做就慢慢地做，而且他一边做一边还会感受到紧张、焦虑，这个过程会带给人很大压力，同时也很煎熬，久而久之自然不愿意做。别说孩子，很多有拖延症的大人都存在这个问题。

追求完美会造成事情永远也做不完，这世上本就不存在完美，家长朋友，让我们给孩子多些机会去尝试吧。

2. 以肯定、表扬和鼓励替代催促和惩罚

家长可以感受一下，当你做一件事情的时候，不断有人在旁边催促你，说你动作慢了，或者你一旦做得不好还要被批评、责骂和惩罚，你是更愿意做还是更不想做？将心比心，我们自

己都不喜欢的事情为什么要强加给孩子呢？既然希望得到好的教育效果，为何不直接增强孩子做事的动力，这样不是更容易看到效果吗？

最能增强孩子做事动力的就是让孩子感受到肯定、表扬和鼓励。当我们对孩子开始这样做的时候，要耐心地去观察孩子，发现他做得比之前有进步时，比如某件事情的速度比之前更快一些时，或者有哪些做得好的地方，就实事求是地肯定他的行为，表扬他的优点，也可以给予适当的奖励。当他遇到困难和挑战时，我们要多去鼓励他尝试把事情做好。比如可以说“你现在比过去有进步了”“你看你做得多快”“真好，现在用不着老提醒你了”“再试一试吧，我觉得你能行”，这些真诚的鼓励是能够打动孩子的，能有效激发孩子的积极动机。孩子受到的表扬越多，对自己的期望也就越高，越倾向于调节和聚焦内在的力量达成目标。

3. 让孩子懂得为自己的磨蹭承担后果

这其中最重要的就是，让孩子做力所能及的事情，父母不要包办代替。这同样是培养孩子责任心的有效做法。孩子只有体会到磨蹭给自己带来的损失，才能够自觉地快起来，从而学会主动地改变。

我女儿上小学的时候，我们跟我父母住在一起。我发现几乎每天早上我母亲都要一边催促抱怨，一边给女儿收拾东西。我提醒母亲让孩子自己做事，母亲很着急地说：她那么小，做不了那么多事情。

我问女儿："你能自己做自己的事情吗？"女儿马上点头。

母亲又说："她动作那么慢，到学校肯定要迟到，到时老师批评她怎么办？"

我对母亲说："这样她才知道动作慢的后果啊。"

我问女儿："你说是不是这样呢？"

女儿有点迷惑地点头，因为她没有迟到过，没有因此被老师批评过，还未体验过那种感受。

第二天，我就监督母亲，不让她给女儿收拾书包和穿衣服。我看着女儿收拾的动作也觉得她慢，但是仍然鼓励她、肯定她。那天她真的迟到了，到校后老师并没有批评她，可是女儿自己感觉很丢脸。放学回来我问她："如果下次不想再发生这种情况，要怎么办呢？"

女儿说："明天我要早点起床，今晚我就收拾好书包。"

隔天女儿真的没有迟到，并且从那以后她上学再也没有迟到过。

4. 培养孩子必要的生活技能

很多孩子磨蹭是因为对时间没有概念，不知道某一段时间有多久。平时父母可以教孩子做事情的时候去计时，这样孩子就有了多长时间能做多少事情的概念，就懂得合理计划时间安排。之后，父母再去引导他提高做事的效率，并且在事后给予孩子奖励和表扬，他因此获得了成就感，慢慢就能具备管理时间的能力。

5. 让孩子充分体会到快速行动带来的好处

很多家长看不惯孩子玩耍和闲下来，总想给他布置点作业。最怕就是孩子做完了，家长又加码，这样没完没了，孩子就会觉得反正这一堆作业我也做不完，做完做不完都一个样，还不如少做点，于是开始磨蹭起来。其实，孩子较快地完成了任务之后，可以用省下来的时间做一些自己感兴趣的事情，这相当于一种自我奖励，孩子也从中认识到时间的价值，就不会消极地做事，同时会主动尝试提高做事效率。

6. 消除干扰因素，培养孩子的专注力

专注地做事是提高效率、保证质量的关键。很多家庭都存在破坏和干扰孩子专注力的因素，比如吃饭时看电视，孩子学习时家人大声闲聊、讲电话、打游戏，甚至邀约三五好友在家里打牌；还有的家长习惯在孩子学习的时候端茶倒水、嘘寒问暖；也有的家长对待孩子的求助心不在焉，只顾自己看手机，头都不抬，等等。这些都会影响孩子的专注力和做事的积极性。久而久之，家长就会失去对孩子的督促力度，让孩子感觉不痛不痒。其实，尽量给孩子创造一个较为安静且不受干扰的学习环境是家长的责任。

7. 关注孩子做事的实际能力，不要勉为其难

家长给孩子布置任务时要注意考虑孩子的综合能力。不能盲目抱着“不会才要锻炼”“逼一下就好了”这种心态，让孩子品尝不必要的失败滋味，这对提升孩子做事的积极性并不能起

到好的作用。既然已经预测到最终的结果是失败，为什么还要让孩子去碰壁呢?

明显超越孩子实际能力的任务，比如短时间内让人感觉任务量太多或者太难，会造成孩子产生畏难情绪而去回避，这时他自然就会磨蹭。家长要帮助孩子学会分解任务，以此降低难度，逐步完成。这样让孩子感到完成任务是有可能的，他做事的动力才会提起来，做到之后才会有成就感。在这个过程中，最重要的是父母要有耐心，引导的方法要正确，指导过程要细致，不能对孩子说:“这是你自己的事，你自己想办法”，就甩锅给孩子。

父母的鼓舞会让孩子受益终生

事实上，很多孩子成年后，能够在失落和困境中振奋勇气，全力以赴，常常来自成长过程中父母的指导，有时一句鼓舞的话就能让孩子受益终生。

我现在还记得我父亲曾经对我说“天还没塌下来”，这句话每每在我感觉困难的时候都会给我力量，推动我大胆尝试，不惧失败。家长朋友们，想一想，你心中是不是也有这样一句或几句振奋人心的话呢?如果有，就把这份珍贵的礼物传递给孩子吧!如果没有，你更要给孩子补上，让他拥有比父母更大的成长动力，是不是呢?

特别提示

改变孩子的拖延习惯需要时间，所以父母需要多一些耐心和坚持，以下7点慢慢做，一定会收到好的效果。

1. 放下完美，允许孩子在做中学习。

2. 以肯定、表扬和鼓励替代催促和惩罚。

3. 让孩子懂得为自己的磨蹭承担后果。

4. 培养孩子必要的生活技能。

5. 让孩子充分体会到快速行动带来的好处。

6. 消除干扰因素，培养孩子的专注力。

7. 关注孩子做事的实际能力，不要勉为其难。

第六节

性教育，青少年家长不可缺失的一课

如今，越来越多的家长开始重视孩子的性教育，可是很多时候不知从何入手去和孩子交流。其实性教育，从更大的角度来看，是生命的教育，是爱的教育。

性教育，是很多家长朋友都关心，却又不知道怎样跟孩子谈论的话题。于是很多家长提出邀请，希望我能开一堂课讲一讲青少年的性教育。这是一个特别有价值的提议，却并不容易达成。

为什么呢?

性教育是生命的教育

第一，性教育，事实上是一个内涵很广泛的话题，包括性生理、性心理、性道德、性伦理、性安全、性文化、性行为等诸多层面的话题，没办法在一堂课里讲清楚。

第二，无论是儿童期还是青春期的性教育，对孩子来说，父母都是最合适的引导人。也就是说，不应把性教育看成是性知识的灌输和传播。教育是心对心的交流，是生命对生命的影响，不然的话，给孩子看关于性知识的书和视频就可以，而无须接受性教育。

第三，要对孩子施以正确、有效的性教育，家长应进行必要的学习，起码要具有科学且全面系统的常识。

孩子的成长会带来方方面面的变化。很多家长朋友本身对性教育很陌生，这样的情况下家长如何对孩子谈性？或者说，假如家长对性教育知之甚少，还有可能引导孩子在性方面得到健康的发展吗？答案是可能的。

家长自身掌握性知识不足不等同于无法进行有效的性教育

可能很多朋友会好奇，为什么家长自己对性知识了解得少，还有可能对孩子进行有效的性教育呢？这是因为：

1. 性教育绝不简单等同于传授性知识，性教育比传授性知识的范围要宽得多、深得多。即便性知识的储备不够，教育也可以依循着孩子成长发展的需要和规律向前推进。

2. 很多家长认为自己掌握的性知识很粗陋，所以无法教育孩子。但其实家长可以和孩子一起学习性知识。在学习的过程中，跟孩子坦诚地探讨，理解和关注孩子对于性的好奇与感受，鼓励孩子做积极的探索，强调性的有益原则——“尊重、自愿、私密、健康”等。这样也是良好的性教育。

3. 在性教育中，让孩子掌握科学、完整的性知识很重要，同时教育、引导孩子身心健康成长更加重要。前者关系到孩子对性的认识，后者关系到孩子思维、心理、人格等方面的全面发展。

家长具备性的基本常识是很必要的，同时不要因为自己的无知和误解，影响了对孩子施以教育的正确方向。比如在我的咨询案例中，有一位妈妈看到青春期的女儿不穿裙子，打扮很中性，就特别担心女儿的性取向，其实那不过是女儿在性别发展过程中的正常现象。还有位妈妈偶然在儿子的衣柜里翻出一条女式的打底裤，不禁大惊失色，以为儿子是同性恋，其实儿子只是一时好奇，听说女式打底裤很保暖，所以网购了一条来体验。

这种让人啼笑皆非的例子其实挺多的，很多家长只是一味担心孩子学坏，不知道怎样引导、教育孩子，却不愿花时间真正学习相关的知识。这就造成家长哪怕只遇到芝麻绿豆一般的小事，都会如临大敌、惊慌失措。

其实也不必过于惊慌，没有一个家长能够掌握自己孩子成长当中的所有事情，总会有这样或那样的疏漏。只要家长保持良好的心态，把孩子的问题当成是自己与孩子共同进步的机会，很多问题不仅能够轻松化解，还能得到一些意想不到的收获。

棘手情况下如何谈“性”

对孩子的性教育，下面列举三种常见的情况，非常有代表性，供大家参考。

1. 当家长对性教育感到特别困难和不知所措时

事实上，这不是家长的错，几乎没有家长接受过应该如何对孩子进行性教育的学习和培训，很多家长自己对性知识都是一知半解的，跟孩子更是不知从何谈起。有的家长羞于谈性，所以对孩子从来不谈，以此来回避尴尬。

其实，家长完全可以用平常心来看待这件事情。性的成长和发展对孩子是再正常不过的事情，这是孩子成长阶段的重要内容。它跟道德、价值观、思维方法等内容一样，对孩子都是成长的支持。家长可以选择回避，但是孩子的人生却不会因回避而不出现这些内容。事实上我们都知道，如今网络这么发达，想要获取这些资讯轻而易举，与其让孩子道听途说、以讹传讹，甚至出于好奇从各种渠道获取片面的、商业化的、歪曲的性知识，不如家长大大方方、循循善诱地跟孩子谈出来。在这个过程中，不仅可以探讨性知识，还可以培养孩子正确的价值观和行为习惯，这岂不是更好？

如果家长总是回避谈性话题，反而暗示孩子性是不好的、是阴暗的、是不可以被谈论的，这是错误的教育方式，会导致孩子如果性方面有了问题不会首选跟家长谈。所以家长要放松心态，积极学习，你会发现这件事远远没有想象的那么困难。

2. 当孩子向父母提出了父母都不知道答案的问题时

有位老师曾经做过一次匿名的提问收集，收到学生各种各样的问题，有些可能超出成年人的想象。比如，女性怀孕为什么需要十个月才能生孩子？流产为什么会导致妈妈的生命风险？为什么被性侵的女性会感到受到那么大的伤害？如果我喜欢的男孩子要求跟我发生性关系，我应该怎么做？

再比如，男性的生殖器多大尺寸是正常的？为什么有的做爱会怀孕而有的不会？是不是女孩子都喜欢身材高大的男孩子？男性的哪些表现对于女性来说是性感的？等等。

有些孩子也会在家里向父母提出类似的问题，很多父母会感到尴尬，不知如何回答，态度好些的，会摆出一副过来人的面孔说："等你长大了就知道了！"态度更坏一些的家长可能会恼羞成怒，批评孩子："你脑子里成天想些什么，这样怎么能学习好？"

其实家长们大可不必这么紧张，孩子在这个年龄阶段正是求知的时候，我们做家长的理应支持。尽管父母可能不知道答案，但是可以支持孩子自己去找答案，引导孩子一边查资料一边和他们讨论，在交谈中增进对彼此的了解。

在我女儿快进入青春期的时候，我给她准备了卫生巾并简单讲了用法，她忽然感慨说："女生为什么要来月经呢？真是好烦呀！当女生太倒霉了。"

听到女儿这么说，我就给她买了一本有关性知识的青少年读本，我们一起学习了关于月经的生理卫生常识。读本中有图，有文字，生动又简洁。我跟女儿一起学习后才发现我没有自己认为的那么了解这些知识。

我告诉女儿：“月经对于女生来说意味着美好的青春期的开始。你感觉那些不方便的部分正是女生要学会自己爱自己、照顾好自己的地方，这样才会感到自己是值得的，是美好的。”

我还带她去超市，教她如何选卫生用品。这个过程中她感受到来自妈妈的关心和呵护，心情很愉快。她月经初潮的时候，一点都没有慌乱恐惧，处理得妥妥当当，这对于孩子建立自信自尊和性别认同非常重要。

在教育孩子的过程中，家长不需要成为万事通。遇到不懂的问题可以跟孩子一起去学习，在讨论中向孩子传递正向的价值观，这种教育比仅仅传递干巴巴的性知识要有意义得多，也会深入得多。

3. 当孩子表达出偏激、幼稚的观点时

这个时候家长千万不要讥讽、训斥和否定孩子，如果家长经常带着情绪和控制的目的谈话，对于孩子的性心理成长是很不利的。每个孩子在成长中都有可能出现各种各样的缺失和不足，并且表现在方方面面。假如孩子表达了一个有关性的不恰当观点，家长需要关注的不是这样说话的对错，而是孩子为什么会这样说。

性教育是爱的教育

在一次谈话中，当一位母亲说到身为女孩要爱护自己、保护自己的时候，女儿悠悠地说了一句:“我早晚找个男的破了处完事，为什么要想得那么严重。”

妈妈听到女儿说这样的话震惊至极，脱口而出:“你怎么这么不自爱！”

然后母女俩你来我往地吵起来，互相都说了很侮辱人格的话，还差点打起来。母亲极度伤心和焦虑，来找我咨询的时候，甚至怀疑女儿是不是已经跟男人发生性关系了，或者遭受过性侵，不然怎么会说这么没自尊的话。事情发生之后，这位母亲既后悔跟女儿吵架导致无法再深入交谈，又非常迫切地想找女儿问个水落石出。

我建议她一定要克制谈话的冲动，先让自己冷静下来。冷静下来之后，这位母亲才找女儿沟通。女儿开始时情绪低落，并且对母亲有敌意。后来母亲明确表达了中立和理解的态度，女孩才慢慢说出一些她的看法。

每个孩子对自己的性形象都是模糊的、不完全的，主要来自对自我的感受和认知。这个女孩小时候跟父母有长时间的分离，她总感觉父母不爱自己，妹妹的出生让她感觉更加孤独。她那样说话，其实是反映出对自己的失望和否定。内心缺爱会造成自我价值感低，说出一些随便处置自己的话就不奇怪了。

如果孩子这样看自己，说自己，家长仅仅用谈话沟通是无济于事的，需要耐心深入到孩子的内心去做修复工作，要花一段时间实实在在地让孩子体会到父母的爱。从而让孩子感到自己是被爱的、是有价值的，如此才会珍惜自己。

所以，性教育其实也是爱的教育。

父母对于孩子的教育不要脱离真实的生活，以及今后要面对的漫长人生路，毕竟孩子长大之后是要离开父母独立生活的。同时，无论对孩子施以怎样的教育，父母都应保持中立、尊重、爱的态度，向孩子输出积极的、包容的、有希望的价值观，受到这样的教育，孩子在未来发展中才会有长足的后劲。教育总是在孩子离开父母的视线和庇护之后，才显现出真正的效果，你说是不是呢？

特别提示

很多家长都会“谈性色变”，但其实大可不必。面对不同情况，家长可以按此应对：

1. 当家长对性教育感到特别困难和不知所措时，完全可以用平常心来看待这件事情。

2. 当孩子向父母提出了父母都不知道答案的问题时，父母可以支持孩子自己去找答案，引导孩子一边查资料一边和他们讨论，在交谈中增进对彼此的了解。

3. 当孩子表达出偏激、幼稚的观点时，家长千万不要讥讽、训斥和否定孩子，要静下心来寻找原因。

在亲子互动中洞悉孩子的心灵真相

ISBN 978-7-5169-2489-1
定价：69.00 元

ISBN 978-7-5169-2490-7
定价：65.00 元

ISBN 978-7-5169-2488-4
定价：65.00 元

ISBN 978-7-5169-2487-7
定价：69.00 元